보자기
그
낭만을

보자기
그
낭만을

최영주 수필집

수필과비평사

이 세상에 안 계시는 어머니 아버지 할머니 할아버지께
이 책을 바칩니다.

| 작가의 말 |

글을 모아 놓고 보니, 글 쓰는 힘이 그리움임을 알게 됩니다.
그리운 것의 손을 잡은 채 지금을 어여차 힘내서 살며 오랜 날을 기다려 전합니다.
성급히 떠나는 서러운 인연을 보았기에 남겨진 자리는 저 혼자 터를 잡는 고유함을 본받습니다.
짧은 숨 내쉬며 멀리 두고 오래 버틴 시간을 가늠하면 담근질된 날들은 흔적도 구체적이게 하더군요. 그들의 사이로 글자를 따라왔습니다.
먼 데서 찾아온 여민 눈길로 글을 모읍니다.

2020년 11월
최영주

차례

| 작가의 말 |　　　　　　　　　　　　　　4

1부

스완 송(Swon Song)을
위하여

판	13
나열할 수 없는 이 그리움을	18
그들이 있어	26
아버지의 빵	31
거울	37
정월 대보름	42
스완 송(Swan Song)을 위하여	47
나무	53
불 꺼진 창	58

2부

연분홍 저고리에
차 향기 번지는 소리

흔들림 없는 마음결	65
아줌마, 그리고 7센티미터	69
목단화가 피던 날	74
붕어빵철학	80
괜찮아	85
연분홍 저고리에 차 향기 번지는 소리	91
현미밥	99
연필	105
쌓이는 세월 위로	110

3부

보자기
그 낭만을

눈물	119
고등어	124
사랑은 고여 들고	129
팥죽을 끓이며	135
보자기, 그 낭만을	140
벚꽃 길에 나서다	145
무명베	152
그대 꽃이어서	158
맨 밑에서	163
어깨	168

4부

떡메는 늘
그 자리에 있었다

부엌	175
전화선을 스친 사람	182
바람 부는 날에	187
음식점	193
영산암에 가다	198
너의 기억을	204
떡메는 늘 그 자리에 있었다	210
같이 묵고 삽시다	217
멸치	222

5부

낮 하늘의
쪽달

할매들	228
낮 하늘의 쪽달	233
벽송사 가던 날	240
떡 이야기	247
저 아름다운 황혼을	252
너의 손을 잡고 싶어	256
막걸리	261

| 작품 해설 | 허상문(영남대 명예교수, 문학평론가)
꿈꾸는 사물, 공감의 서사   267

1부

스완 송(Swon Song)을 위하여

판

　어릴 적 시골집 안방 벽엔 두레상이 걸려 있었다. 검은 칠을 입힌 상이 벽 한쪽을 커다랗게 차지했다. 식사시간 외에는 벽에 박은 대못에 다리를 접은 두레상을 걸어 고정시키고 방의 공간을 넓게 쓰는 것이었다.
　할머니는 두레상을 꼭 판이라고 명명했다. 끼니때가 되면 "판 패야지." 하며 두레상을 벗겨 내려 상다리를 폈다. 할아버지와 아버지는 일인용 밥상으로 각각 독상을 받았다. 할아버지, 아버지의 일인용 상은 어딘지 높여 부르는 듯한 '상'이라고 표현했다. 할머니와 어머니, 여동생과 내가 둘러앉아 먹는 여자들만의 두레상은 '판'이었다. 할아버지와 아버지의 일인 상은 옻칠을 몇 겹이나 입혀 윤이 반들반들 나는, 정성들여 귀하게 만든 것이었다. 하지만 두레상은 '여자들'이 사용하는 것이어서인지 상의 윗면이나 상다리에 섬세한 조각도 없이 밋밋하게 만들어진 '판'이었다.

판이 들어간 데는 윤택하고 고상한 것보다 마구잡이로 드센 느낌이다. 장터의 장판, 굿판, 화투판, 노름판, 싸구려판, 막판 인생 등엔 엉성한 삶에 떠밀려 괜히 바빠져서 실속도 없이 시끌벅적하다. 마뜩잖은 정치, 정치보다는 정치적 권력을 거머쥐려는 정치인들을 싸잡아 정치판이라고 일축해버린다. 이런저런 판에는 아무리 나부대도 안겨 오지 않는 갈망과 채워지지 않는 갈증 같은 것이 진하게 떠돌고 있다.

할아버지, 아버지의 일인용 상처럼 얼굴이 거울같이 비치던 고급 칠기는 아니지만 두레상도 검정색을 두껍게 입힌 견고한 판이었다. 한지 바른 벽을 배경으로 노랗게 들기름 먹인 장판바닥 위에 펼쳐지는 판은 든든해 보였다.

덩그렇게 놓인 두레판을 대하면 손맛 좋은 할머니의 김이 나는 음식들이 기대되듯 장날을 기다려 장판에 갈 때는 원하는 바를 얻고자 하는 바람을 기분 좋게 품는다. 장꾼이든 장을 보러 가는 쪽 모두 나름의 이득을 강구하려는 기대감이 깃발처럼 나부낀다. 장판엔 생선 비늘처럼 퍼덕이는 삶이 있다. 서로의 이익을 사이에 둔 흥정하고 획득해내어 좋아하는 활기가 넘친다. 싸구려 패딩코트와 명품을 본뜬 졸품 비닐가방을 팔아 늦은 점심으로 사먹는 뜨거운 국밥 한 그릇에도 훈훈한 만족감이 내비친다.

모판, 장기판, 바둑판 등을 대함에도 심중이 고요하기만 하던가. 연두색으로 소복소복 자란 모판은 한 해 농사에 대한 농부의 마음을 설레게 하며 부지런을 떨게 한다. 선명하게 새겨진 장기판 앞에 앉으면 장기를 딱딱 놓아 상대편 영역을 점령하고 싶은 마음이 은근히 용솟음친다. 바둑판 또한 만만찮다. 우아한 손놀림으로 바둑판 속의 우주를 다스리고 싶은 내심이 뭉근히 차오른다.

증명되지 않은 굿판마저 집안의 귀신 대접을 잘하였으니 재수를 갖다 줄 거라는 소망으로 원기가 돋다. 퇴폐적인 노름판에도 한탕주의의 욕망이 변질된 활력소로 너울댄다.

복잡다단하고 애매한 세상에 명백함을 똑부러지게 세우는 판이 있다. 삼판양승제다!, 한마디 외치면 세 판의 경기 중 두 번의 승리로 승패의 확고부동함이 어리어 있다. 경기에 지고 난 뒤에 시시비비를 들이대며 너절하게 굴지 말라는 단호함도 서려 있다.

손바닥에 침을 퉤퉤 뱉으며 목에 힘줄을 불끈 세워 내지르는 판도 있다. 이판사판 판이다. 언뜻 막다른 지경에 이르러 세상살이의 끝이라는 것처럼 들리기도 하겠지만 마지막 죽을힘을 다해보겠다고 혼신의 힘을 쏟아 끌어모은 용기도 팽배해 있는 것이다. 판은 허술한 삶이 기를 쓰고 용트림해 보는 팍팍한 현장이다. 그럼에도 생에 대한 질펀한 욕구가 쓰러질 줄 모르는 희망으로 번뜩인다.

시골집 안방의 두레상은 광채도 나지 않는 무광 칠을 입혀 짠 판이었지만 명절날에도 온 식구가 모이면 우리 집안 여인들이 맛있게 식사를 하며 일상을 이어나갔다. 가늠할 수 없고 밀린 잠 같은 삶에 고유하고 명징함이 굳건히 자리하고 있음을 시장기로 확인 받곤 하던 판이었다. 할머니와 어머니는 근면과 성실로 집안을 반듯이 번영되게 꾸리며 더욱더 화평한 집안을 모색하였다.

안간힘으로 얽어매어 살아가는 것 같은 장판이며 싸구려판에도 엄숙하도록 염원하며 찾아다니는 판이 있다. 살판이다. 세상사 중에 살판난 일보다 더 좋은 게 있을까. 살판 하나 잡기 위해 두 눈 부릅뜨고 헤맨다.

새해도 벌써 첫 달을 보내고 이월도 며칠이 지났다. 언젠가부터 계획을 세우기보다 판을 짜는 게 훨씬 안정감이 들기 시작했다. 내게 있어 계획은 왠지 허세부터 섞여드는 것 같아 스스로 민망해지곤 한다. 할 일의 절차, 규모 따위의 밑그림을 그리며 포부도 구상해야 하나 싶으면 난데없는 자격지심이 고개를 쳐든다. 할머니는 할아버지와 아버지의 일인 상을 행주질 자국도 용납하지 않았다. 맑은 유리같이 닦아 조심스럽게 시렁 위에 올렸다. 계획은 그 고급 상같이 거북한 데가 있다.

방안 벽에서 후딱 내려 사용하고 행주 자국이 좀 나 있어도 개의치 않던 두레판처럼 내게 맞는 만만한 판 한 판 짜노라면 안도감이 스며 온다. 이 판이 아니다 싶으면 새판을 만들면 되려니 하는 여유도 따라 붙는다. 새해마다 혹은 때때로 원하는 판을 짜본다. 거창한 계획이 아니고 쉽게 다가갈 수 있어 외려 실천의 확률이 높다.

저마다 소중하게 간직한 밑그림을 한 판 한 판 짜내어 살판난 세상을 만날 일이다.

나열할 수 없는 이 그리움을

　희끄무레하다. 바람은 방향을 잃고 쫓아다닌다. 바람이 그랬나. 통통한 햇살은 말아서 솔숲 그늘에 쌓아 놓고 부스러기 햇빛 한 줌만 흩뿌려 놓은 듯한 날씨다. 그림붓 씻은 물이 엎질러져서 그림이 뭉개진 것 같은 색깔이다. 글마저 풀리지 않는 이런 날엔 마음이 소슬해진다. 갈잎 같은 마음이 웅성거리며 가슴 속 좁은 길을 걸어간다.
　산골에서 태어나 땅만 들여다보며 농사밖에 모르시던 내 할아버지. 일곱 고모 중의 외동인 아버지 덕분에 우리 형제는 귀한 손자 손녀가 되어 할아버지의 넘치는 사랑을 받았다. 우리는 예외 없이 서너 살쯤 되어 똥오줌 가리고 혼자 숟가락질을 할 줄 알게 되면 조그마한 몸으로 엄마 품에서 떨어져 할아버지께로 보내졌다.

할아버지가 손주를 보고 싶어 한다는 이유 때문이었다. 내가 그렇게 떼어져 갔고 여동생도 그랬다. 오빠는 손녀보다 더욱 귀한 손자라는 특수 조건으로 네 살에 보내어져서 초등학교 육학년이 되어서야 어렵게 부모님이 계시는 부산의 학교로 전학을 올 수 있었다.

그 바람에 자식을 뼈가 녹도록 사랑하고 아이들을 유독 좋아하시는 어머니는 우리 형제들의 서너 살에서 예닐곱 살 사이의 재롱을 평생 모르게 되었다. 내가 시골집에서 일곱 살이 되었을 때 공부만은 도시에서 해야 한다는 어머니의 간곡한 애원으로 부모님에게로 옮겨졌다. 나는 어머니가 일 년 전부터 장만해 두신 책가방을 메고 만 으로 여섯 살이 채 안 된 나이로 초등학교에 입학하여 〈애국가〉를 배웠다.

나를 데려오며 어머니는 "너거 자식이라고 너거만 키우나. 나도 손주 좀 보고 살자!" 하시는 할아버지의 분기탱천한 호령을 숨소리도 삼키며 감수하셔야 했다. 그런 뒤 우리에게는 여름과 겨울 방학이 시작된 바로 다음 날 옷 보따리와 책가방을 메고 할아버지께로 가서 개학식 전날에야 겨우 돌아올 수 있는 길고 긴 계절 행사가 시작되었다. 여름과 겨울마다 꼬박꼬박 치러야 하는 행사는 예외가 없었다. 헌법처럼 지켜야 하는 것만 존재했다.

며칠간의 시골 생활은 푸근하고 즐거웠다. 무엇보다 우리에게 막무가내로 사랑을 퍼부으시는 그리운 할머니를 보는 일이 가장 좋았다. 순한 소, 예쁜 송아지, 개와 닭들과 병아리 떼에 섞여드는 동화된 느낌. 대청과 곳곳에 쌓인 곡식들이 주는 풍요로움. 벽장 속에 들어있는 엿과 곶감, 강정들에서 흐르는 윤기 나는 넉넉함이 시골집을 채우고 있어 시골의 평화스러움을 체험할 수 있었다.

햇살 속 냇가의 송사리 떼에 발을 담그면 여울지며 흐르는 물살들. 누가 보아 주든지 말든지 어디서나 기쁘게 피어서 맑은 종소리같이 퍼져 있던 들꽃들. 횃불을 군데군데 켠 넓은 마당엔 일손 도우러 와서 가득 둘러앉은 마을 사람들의 크고 검은 그림자들이 일렁였다. 밤이 이슥하도록 길쌈을 하느라고 볶은 콩과 인절미를 먹으며 웃고 떠들던 모습들은 내 정서의 윤택함으로 이끌었다.

한편으로 시골집은 불편했다. 중학생이 되어서 시골집에 도착하면 예쁜 원피스나 바지를 입지 못했다. 일상생활에 거북함을 느끼게 하는 긴 한복 치마에 옷고름을 반듯하게 매어 저고리를 입어야 했다. 우리 시골 마을에서 나처럼 그렇게 입고 있는 아이는 나밖에 없었다.

아랫마을 고모 집에도 마음대로 갈 수 없었다. 다 큰 처녀가 종아리 나오는 옷은 입을 수 없고 바지 같은 몸에 딱 붙는 옷은 더더욱 안 되며 함부로 돌아다니면 안 된다고 할아버지가 엄명을 내리셨다.

언제나 나를 반겨 주던 시골 친구들이 중학생이 되어 모두 외지로 나가고 없었다. 1960년대 초반의 그 시절 초등학교를 졸업한 친구들은 중소 도시의 공장에 취직을 한 언니나 형들을 따라 돈벌이를 모색하러 떠났다. 둘은 도시의 학교로 가느라고 고향에 없었다.

소는 화학 성분의 맛이나 냄새에 아주 민감하기 때문에 비누를 사용한 세숫물은 극히 조심해서 버리고, 또한 병아리가 빠지지 않게 정낭 뚜껑은 사용한 뒤에 반드시 잊지 않고 덮어야 하는 규칙 등은 이행할 수 있었는데, 심심한 것은 견딜 수 없었다. 부산의 집에서 사귄 골목 친구들과 학교 친구들 얼굴만 어른거렸다.

무료함은 흥미와 감동을 지워 나갔다. 적적함을 감당하는 일이 내키지 않아 고등학교 일학년 겨울 방학을 하고 한사코 시골집에 가지 않고 있으려니 바로 다음 날 전보가 들이닥쳤다. "할아버지 위독 영주 광주 급 래망." 등잔의 기름 한 방울도 벌벌 떠시는 할아버지가 동생과 나에게 오라는 비싼 전보를 단박에 친 것이다. 부모님이 "그것 봐라." 하시며 엄청 크고 싱싱한 알대구, 곤대구 두 마리와 함께 나를 버스에 태웠다. '할아버지 위독'이 아닌 줄 뻔히 알면서도 큰딸이라는 이유로, 큰 개가 옆으로 뻗어 누운 것 같은 크나큰 대구 두 마리를 지게로 져다 주는 마을 분의 뒤를 따라 눈 쌓인 산길을 뽀드득뽀드득 걸었다.

시골집에서 혼자 지내는 방법을 터득해 나가야 했다. 할아버지께서 장에라도 가신 날엔 사랑방에 엎드려서 할아버지가 읽다 둔 우리 고전인 《최고운전》이나 《이조 한양가》, 《춘향뎐》 등을 그렇게 해서 읽었다. 한가한 겨울 햇살이 오롯이 들면 남으로 향한 장지문의 하얀 창호지가 그토록 곱게 투명해지는 것을 그때 처음 알았다. 비쳐 든 햇살 속의 문살 그림자가 그지없이 아련해지는 정취도 알게 되었다.

문득 소나무 숲속에 머물던 솔바람 소리가 뒷산 골짜기를 타고 내려와 내 마음에 좁은 길 하나 만들던 순간도 잊을 수 없다. 한낮의 적요 속에 뜬금없이 컹컹거리다 마는 개 짖는 소리가 완강한 적막감을 더 보태는 것도 보았다. 내다보지 않고도 마당의 지푸라기와 흙먼지를 휘익 밀어 올리고 달아나는 바람을 마음으로 붙잡았다. 교교한 달빛이 밤의 지상을 담아 낼 때 창호지의 문살 그림자가 내 이불 위에 모로 쓰러지면 알 수 없는 눈물이 번져 나곤 했다. 캄캄한 밤에 혼자 눈을 뜨고 있으려면 댓잎을 스치고 나오는 대숲 바람의 고독이 이해되었다. 별무리가 글썽이며 대밭으로 몰려가는 소리도 알아들을 수 있게 되었다.

 할머니가 펄럭 문을 열고 나가신 바람의 서슬에 검은 그을음을 뱉으며 깜빡 잦아들었다가 가까스로 일어나서 흔들리는 호롱의 불꽃은 왜 그리도 사무쳐 왔던지. 깊은 밤 마당에 바람이 지나가면 문풍지가 다르르 떨었다. 잠드신 할머니가 끄응 돌아눕고, 할머니 허연 머리에 꽂혀 있던 은비녀가 스르르 흘러내리면 망망한 그리움이 저릿하게 고여 들었다.

 여름날 찐 감자 먹으면서 고적한 한낮의 땡볕이 얼마나 마음을 허기지게 하는지도 배웠다. 마을 사람들이 모여서 우리 논을 매는 날에는 간 갈치와 자반고등어가 있는 대로 구워져 나오고 저녁에는 모두 통통한 닭국으로 푸짐하게 배를 불렸다. 징소리 울리며 청천 하늘의 잔별이 가슴에 수심으로 들어찬다며 늦도록 흥겹던 마당 풍경 등은 정신의 보물 창고에 쟁여졌다.

 나를 시골집에 강제 동원시키는 할아버지가 안 계셨더라면 영화 〈서편제〉에 나오는 오분 사십초간의 〈진도아리랑〉 명장면에 그렇게 빨려들어 갈 줄 알았을까. 영화 〈달마가 동쪽으로 간 까닭〉에서 숲을 쓸어 가는 바람 소리를 그토록 낯익어하며 가슴에 담을 수 있었을까 싶다. 이미지 모음이라 할 수 있는 안드레이 타르코프스키가 감독한 〈희생〉의 영상미를 그만큼 깊은 감동으로 품었을 것 같지 않다.

기어코 시골집으로 불러들이는 할아버지가 계셨기에 박경리의 《토지》를 온통 영혼에 새기며 아우를 수 있었을 것이다. 마침내 용이가 산판에서 돌아와 마지막 죽어 가는 월선을 안은 첫 마디가 "내 몸이 찹제." 하던 장면에서 가슴이 컥 막히며 통곡을 터뜨리는 서정성이 내 안에 채득되었으리라. 서럽게 쏟는 울음이 꼬박 하루 하고 한나절 동안 풀어 헤쳐지는 정서가 그렇게 내게로 스며들었을 성싶다.

가방을 들고 십릿길을 걸어서 재를 넘고 외딴집 시골집에 들어서면 사랑채 댓돌 위에 하얗게 놓여 있던 할아버지의 단정한 고무신이 언제나 정신의 문화유산 상징같이 떠오른다. 장죽으로 놋재떨이 땅땅 치시며 가래침 카악 뱉던 그 더럽게 느껴지던 소리가 가슴이 아리도록 정겹게 생각난다.

장날 첫새벽에 잘 손질된 두루마기 차림으로 안채에 들어오셔서 뜨끈한 장국을 드실 때도 잠 속에 빠져 있는 동생과 나를 깨워 일으켜 상 앞에 꼭 앉혀 놓으시던, 그때는 도저히 이해할 수 없던 할아버지가 많이도 그립다. 마루 끝에 걸터앉아도 여식아이가 다리를 걷어 올리고 단정하게 앉지 않는다고 불호령하시던 할아버지가 간절히 보고 싶다.

할아버지는 항상 손녀를 솔녀라고 발음하셨다. 괜히 나를 장날에 데리고 나가 김이 나는 국밥도 청해서 먹어라 하고 과자와 사탕도 사 주셨다. 아는 사람들이 인사를 해 오며 내게로 눈길을 보내면, 아무것도 아닌 나를 "우리 솔녀, 우리 솔녀." 하며 무척이나 자랑스럽게 말씀하시던 할아버지 생각에 눈물이 난다.

매월당 김시습이 "산에서 높은 것을 배우고 물에서 맑음을, 돌에서 굳음을, 달에서 밝음을 배울 줄 안다면" 했듯이 나는 이 모든 것을 내 할아버지의 귀찮기만 했던 사랑 속에서 배웠음을 이제야 깨달아 간다. 이제야…….

그들이 있어

닭갈비를 먹은 뒤 밥 하나를 볶아 달라고 주문했는데 아르바이트생 청년은 밥을 수북이 가져와 철판에다 볶기 시작한다. 함께 앉은 지인이 청년을 보며 말한다. "우리 많이 먹으라고 밥을 넉넉하게 가져왔죠?" "네." 아르바이트를 잘해야 한다는 긴장감이 있어서일까. 얼굴에 무표정 외엔 아직 표정이 담기지 않은 청년이 얼른 대답한다. 특별하게 반기거나 표현하지는 않지만 이 식당에 두 번째 온 우리에게 잘해 주고 싶어 하는 청년의 마음을 은연중 느끼고 있었다. 그의 따뜻한 마음이 밥을 한 공기보다 많이 가져온 것이리라. 한창때의 젊은 사람 양으로 가늠해 보면 식당 밥 한 공기는 아무래도 적게 느껴진 것 같다.

밥에다 채소와 김치, 김가루를 넣고 열심히 볶는다. 청년의 양손에 든 나무 주걱질이 재바르다. 가게에 들어서는 손님을 맞이하는 자세나 표정이 많이 어색한 것으로 보아 신입 아르바이트생 같다. 닭갈비와 볶음밥 볶는 일은 가게 사장으로부터 배웠을 것이다. 일을 잘해내기 위해 혼자 연습하였으리라. 실전에 대비하여 얼마나 많이 되풀이하여 익혔으면 이토록 잘 볶을까.

며칠 전에 갔던 생선구이 식당에도 아르바이트를 하러 온 여학생이 있었다. 방학을 이용해 점심시간에 일을 한 지 이틀밖에 되지 않았다는 학생은 서빙하는 일이 서툴렀다. 잘하려고 노력하면 할수록 일의 앞뒤가 헷갈리고 가닥이 잡히지 않는 것 같았다. 그런 와중에도 자신의 맡은 일에 충실히 하기 위해 손님들의 식탁을 열심히 살폈나 보았다.

우리가 식사를 마치자 얼른 다가와서 말했다. "생선 포장해 드릴까요?" 먹고 남은 고등어구이에 대해 하는 말이었다. 우렁이를 넣은 된장찌개가 시원한 맛이어서 국물을 자꾸 떠먹다 보니 두부만 고스란히 남아 있었다. 그걸 본 학생이 또 물어왔다. "찌개도 포장해야 죠?" 남편과 나는 아르바이트생을 그윽이 바라보았다.

　평생 많은 식당을 다녔지만 먹다 남긴 음식을 두고 종업원이 먼저 포장해 주겠다고 나선 일은 처음이었다. 생선 한 마리 중 반쯤 남은 것은 마땅히 포장해 줘야 한다고 생각하는 것 같았다. 거기에다 먹다 남은 찌개까지. 당연하다는 듯 방긋 웃는 학생이 어여쁘고 대견해서 고맙다고 대답했다. 뜯어 먹다 남겨진 고등어구이를 집에 가져와선 안 먹게 되기 십상이겠지만 나는 흐뭇한 마음으로 기꺼이 들고 왔다.

　우리 세대의 대부분은 남긴 음식을 구구하게 가져간다고 업신여김을 당할까 봐 남은 음식 포장해 달라는 말을 잘 하지 않는다. 그러다가 고급 음식이 남았을 때는 서로 가져가려는 의중을 아닌 척하면서도 강하게 내비치곤 한다. 어려운 시대를 살아오며 습성된 사고이겠지만 구차스럽다.

　아들이 요로결석으로 서울의 병원에 입원한 적이 있다. 고통스러워하는 자식을 보며 애가 탄 나머지 나는 거짓말처럼 입맛이 없어져 버렸다. 유명하고 큰 병원이어선지 그곳 지하에 깔끔한 일반 식당이 있었지만 음식을 사 먹으러 갈 의욕도 식욕도 없었다. 하지만 자식을 간호할 힘을 내야 하므로 끼니를 거를 수는 없었다. 맛으로 소문난 집에서 사온 김밥이지만 조금도 먹히지 않았다. 환자 보호자 휴게실에서 전자레인지에 컵라면을 돌려 라면 국물과 함께 억지로 밀어 넣어 먹었다. 그렇게 한끼를 때우는 일이 제일 간단한 방법이었다.

그런 나를 향해 환자 보호자 휴게실을 관리하는 중년의 여자 직원이 노골적으로 괄시하는 얼굴로 말을 던졌다. 라면이 질리지 않느냐고. 김밥을 수월하게 넘기기 위해 라면 국물을 마시는데 그나마 김밥은 그녀가 내뱉는 말에서 흔적 없이 사라져 있었다. 김밥도 라면과 같이 거기에서 거기인 하찮은 먹거리라는 표출을 그렇게 했다.

고작 라면이나 김밥 정도 먹는 보호자이니 무시해도 되겠다는 심중이 그녀의 전신에서 뻗어 나왔다. 같잖아서 여자를 쳐다보지도 않았다. 환자 보호자 휴게실을 관리하는 직원이 환자 보호자를 함부로 얕잡아서 얻어지는 것이 무엇일까 하고 한순간 생각해 보았지만 짐작조차 되지 않았다. 다만 그래서 사람들은 없어도 있는 척하고 허세를 부리는구나, 절감했다.

아직 대학생 같은 앳된 청년은 바르고 성실해 보인다. 생선구이 집의 총명하고 예쁜 학생 모습이 청년과 겹쳐져 떠오른다. 스물 초반의 젊은 청춘들이 저토록 올곧고 선량하다. 식당에서 먹다 남긴 음식이 별것 아닌 것이어도, 남의 시선 의식하지 않고 스스럼없이 싸 가서 다음 끼니의 식탁에 놓는다는 합리적인 사고를 하는 그들이 군더더기 없고 명료해서 좋다. 더구나 우리 세대를 먹여 살릴 세대이니 더욱 소중하다.

    그런 그들이 있어 우리 미래가 빛나는 걸음으로 다가올 것이다.

아버지의 빵

부산에서 살 때 서너 살 된 큰아이를 데리고 나는 제일 극장 앞의 초원 제과점에서 아버지를 만나곤 했다. 버스로 한 정류장만 더 가면 친정집이었지만 아버지는 굳이 빵집에서 나를 보려 하셨다. 어머니가 돌아가신 육 개월 뒤 결혼을 한 내가 어머니 안 계신 쓸쓸한 집에 들어서는 걸 아버지는 원치 않으셨다. 명절이나 집에서 치러야 하는 가족 행사 외에는 가능한 한 집 밖에서 나를 만나셨다.

홀아비로 있는 친정아버지를 보러 친정집을 다니면, 내 시댁에선 며느리가 친정에 뭘 자꾸 갖다 주며 살림을 축낸다고 짐작하는 빌미를 줄 수 있다는 게 아버지의 생각이었다. 아버지의 형편이 어렵지 않은 걸 시댁에서도 아는데 웬 염려냐고 반문하면 그래도 '시댁'이란 의미를 간과해선 안 된다고 이르셨다. 내가 긴 세월로 살아가야 할 시댁과의 관계를 갈등의 틈새 없는 화평의 자리로 모아야 한다고 단단히 주의를 환기시켰다.

신혼여행지에서 낸 전화의 내 음성을 듣자 아버지는 통곡을 터뜨리셨다. 평생 허물어진 모습은 간데없이 꼿꼿하시기만 하던 아버지가 어머니 돌아가시던 이후 두 번째 터져 나온 울음이었다. 아버지의 자식에 대한 적나라한 마음이 둑이 무너지듯 쏟아졌다.

내가 공부하는 모습이 보고 싶어 초등학교 내내 틈틈이 몰래 와서 보고 가신 아버지다. 아버지에게 늘 보고 싶은 딸인 내가 사는 집엔 자주 오시지도 않았다. 매사에 자제하셨다. 아내를 잃고 측은하게 된 친정아버지가 딸자식의 집에 드나들면 나도 모르게 시댁이나 이웃에 주눅이 드는 심정이 될 수 있다는 게 아버지의 지론이었다. 친정어머니가 없어도 기죽지 말고 살라고 아버지는 굳게 당부하셨다. 엄마 없이 결혼한 딸이 때마다 위축될까 봐 그토록 노심초사하셨던 것 같다.

그래서 딸의 얼굴을 보는 장소는 시내의 초원 제과점이었다. 커피 냄새가 진하고 아름다운 음악이 흐르는 카페가 좋았겠지만 아기한테 어울리는 곳을 선택한 터였다. 요즘의 키즈카페 같은 데가 그 시절엔 없었다. 식당에서 먹은 식사비도 항상 아버지가 지불하셨다. 내가 대접하려고 하면 봉급생활자 살림은 절약해야 한다며 완강히 못 내게 하셨다. 식사 후엔 초원 제과점에서 빵과 우유를 가져오게 했다.

빵은 언제나 큰 접시에 탑처럼 쌓여서 나왔다. 빵을 많이 내오게 해야 우리가 오래 앉아 있어도 빵집 주인이 싫어하지 않는다는 아버지의 말씀이었다. 아버지는 엉거주춤하게 포개진 빵들로 딸자식이 괜한 눈치를 받는 것마저 보호하려 하셨다. 늙고 눈먼 여인이 자손의 복을 빌며 하나 둘 얹은 간절한 돌무더기 같은 빵 탑을 가운데 놓고 아버지와 나는 서로의 일상을 전했다. 친정집 넓은 마루를 돌아다니며 자유롭게 놀 아이는 제과점 의자에 붙박여 앉아 있었다. 나는 사이사이 아이에게 빵을 먹이고 우유를 마시게 하며 아버지와 얘기를 나누었다.

우리가 어릴 적 아버지는 종종 제과점에서 빵을 사오셨다. 1950, 60년대 제과점의 고급 빵은 우리에겐 환상의 간식거리였다. 비할 데 없이 감미로운 팥빵, 크림빵들을 끝도 없이 껄떡거렸다.

저녁밥을 먹은 동생과 내가 숙제를 하고 나면 아버지는 작은 상에 봉지를 펼쳐 빵을 먹게 하셨다. 빵을 먹을 때면 나는 물색없이 행복해져서 아버지가 시키시는 걸 마다않고 모두 했다. 노래를 부르라시면 학교에서 배운 노래와 라디오에서 듣고 익힌 유행가를 몇 곡이라도 불러 젖혔다. 숫자를 부르시며 암산을 시켜도 빵을 볼이 미어지도록 베어 문 채 눈은 검은색 단추가 박힌 듯 집중해서 부릅뜨고 암산을 틀리지 않으려고 안간힘을 썼다.

어린 날을 풍요롭고 행복하게 하던 빵은 애잔한 빵 탑으로 아버지와 내 앞에 멀거니 놓여 있었다. 아버지는 우리가 빵 속의 크림을 입가에 묻히는 모습까지 가슴에 담으며 우리를 사랑하셨는데 나는 그걸 알지 못했다. 되돌아보면 아이 엄마가 되어서도 빵 탑의 높이를 다 새겨볼 줄 몰랐다. 아버지의 자상함에 감사하기보다 우리 테이블에만 턱없이 잔뜩 쌓여 있는 빵이 주위 사람들에게 민망스러울 때가 있곤 했다.

한없이 보내 주신 아버지의 사랑이 흐르는 세월 위로 응축되어 속속들이 스며 온다. 어렸을 때 겨울의 추위로 밖에서 놀지 못해 온몸을 비틀고 있으려면 우리 집안의 황제같이 군림하는 아버지가 나와 함께 허리를 굽혀 길 위의 공깃돌을 주우러 다니셨다. 마흔 개도 넘는 많은 돌이 깨끗해질 때까지 아버지가 죄다 씻으셨다. 돌들을 타월로 닦아 방에다 두꺼운 군용 담요를 깔고 공깃돌 놀이를 하게 해 주시던 분도 아버지였다.

살다가 문득 아버지의 사랑이 까맣게 잊고 있던 옛날 영화처럼 생경하게 다가오던 날이 잊히지 않는다. 원체 유난하셨던 어머니의 자식 사랑에 아버지의 사랑은 그림자처럼 굴절되고 묻혀 있었다. 나는 어머니의 사랑에 파묻혀 하해 같은 아버지의 마음을 헤아리지 못하고 당연시했다. 기억을, 거꾸로 들고 탁탁 털어낸 가방 속같이 까뒤집어 보아도 아버지를 대단히 좋아했지만 아버지께 감사해 본 적이 없었다.

아버지를 생각하면 나는 울 수조차 없다. 늦어도 너무 늦은 후회의 눈물을 흘려서 약간의 미안함도 덜어 내선 안 될 것 같다. 이제 와서 찔끔거리며 우는 일은 이 세상에 안 계시는 아버지에 대한 송구함을 희석시키는 짓일 뿐이다. 태산 같은 불효의 한구석을 눈물로 부스러뜨려 면죄의 부스러기를 주워 올려서도 안 될 것이다.

아이는 의자에서 내려와 탁자 주위를 아장거려 돌기도 하며 갑갑해했다. 아이를 업고 제과점 문 밖 길에서 잠시 바람을 쏘여 주다 안으로 들어가려 몸을 돌리면, 넓은 통유리창으로 빵 탑 앞에 앉아 계시는 아버지가 보였다. 딱하도록 높이 쌓아진 우스꽝스러운 빵 탑이 우두커니 아버지를 지켜보고 있었다.

양복 차림의 세련되고 눈에 띄게 잘생기신 아버지여서 더욱 허전해 보이던 모습이 이 오랜 세월 한사코 따라오고 있다.

거울

　신나는 일 하나 없이 감감하게 처져 있다가도 화장실의 거울 청소를 할 때는 무턱대고 활발해진다. 수세미에 비누를 듬뿍 묻혀 활기차게 문지른다. 힘껏 발돋움을 하고 팔을 활짝 뻗어 거울의 구석구석까지 재빨리 비누질을 한다. 틈을 주지 않고 얼른 샤워기를 들어 뜨거운 물줄기로 비누를 꼼꼼하게 헹궈 낸다. 거울을 물청소할 때는 거울 면에 비누가 묻어 있는 시간을 최소화시키며 뜨거운 물로 씻어야 물자국이 많이 남지 않고 마르는 것이다.

거울에 뿌려 마른걸레로 닦아 내면 크리스털같이 빛날 유리 전용 세제가 있지만 화장실 거울만은 물청소를 하는 편이다. 매일 이를 닦는 모습이며 머리에 빗질하는 일상의 사소함까지 고스란히 담아 내는 거울에는 내 몸처럼 비누를 칠하고 맑은 물을 시원스레 끼얹어 주고 싶은 것이다.

거울은 암팡지다. 햇살 아래에서 산산이 깨어진 거울 조각들은 기다렸다는 듯 재빠르게 조각조각 독립하여 저마다 햇빛을 반사시켜 사정없이 번뜩인다. 어느 순간에도 냉철한 게 거울이다. 어떤 초라한 모습도 깡그리 드러내고 만다. 그래서 동화 〈백설공주와 일곱 난쟁이〉에선 새 왕비가 끊임없이 이 세상에서 가장 예쁜 사람이 누구냐고 묻는 대상을 거울로 설정했을 것이다.

예전에 오정희 소설 〈유년의 뜰〉을 읽다 "나날이 새롭게 번쩍이며 한구석에 버티고" 있는, 온몸을 비추는 커다란 거울이 등장하는 순간 앞뒤 없이 선득해지던 느낌은 오래도록 남아 있다. 전쟁통에 피난처의 여섯 식구가 남루하게 복작이며 세 들어 사는 문간방에서 "유일하게 흠없이 온전하고 훌륭한 물건"이라는데 왜 그리도 가슴이 철렁하던지. 끝내 주인공의 오빠는 거울을 발길로 걷어차서 산산조각 낸다.

거울에 대한 유년의 기억이 있어 그토록 서늘해졌는지 모르겠다. 일곱 살이던 어느 날 황혼이 깃들 때 나는 혼자였다. 아버지는 아직 귀가 전이었으며 어머니는 외출에서 돌아오지 않은 채였다. 해가 져서 함께 놀던 친구들이 흩어진 겨울 마당에 어둠은 빨리 내렸다. 한순간 회색빛 어둠 속에 혼자 남겨졌다.

마루를 올라 안방으로 들어가서 불을 켰다. 불빛이 소리 없이 방안에 들어찼다. 알전구 빛이 적막해서 질식할 것 같더니 삽시간에 공포감으로 돌변해 덮쳐 왔다. 따뜻한 방이었지만 나 혼자 내팽개쳐진 것 같았다. 정적이 괴괴하게 들끓었다. 이런 순간엔 오직 이것뿐이라는 듯 눈물이 쏟아졌다. 옴짝달싹할 수 없는 고립감이 완강한 고요 속에 찡- 소리를 내고 있었다.

옆집에 가려 했지만 방문 밖은 컴컴해서 무서웠다. 어머니가 가족처럼 지내는 이웃에 나를 부탁하지 않고 볼일을 보러 갔던 건, 해가 지기 전에 돌아올 요량이었을 것이다. 내가 혼자 있던 시간은 그리 길지는 않았던 것 같다. 하지만 홀로였던 순간은 영원처럼 여겨졌다.

내게 다정한 사람들이 모두 사라져버린 것 같은 막막함을 견딜 수 없었다. 맹렬하게 사람이 보고 싶었다. 퍼뜩 거울이 생각났다. 화장대 앞으로 갔다. 거울을 들여다보니 거기에 생경스럽고 낯선 얼굴이 울고 있었다. 화들짝 놀라 자세히 보니 내 얼굴이었다. 한 번도 본 적 없는 겁에 질린 표정이었다. 볼품없는 모습이지만 사람이 눈앞에 있다는 생각에 조금 안심이 되었다. 필사적으로 거울 속의 사람을 놓치지 않으려고 그렁그렁 차올라 시야를 흐리게 하는 눈물을 자꾸 닦았다.

그날 거울과의 기묘한 기억은 평생 따라오고 있다. 거울은 내가 나를 몰라볼 정도로 일그러져 울고 있는 꼴을 낱낱이 드러내 비추었다. 끝내 그 몰골이 나라는 걸 받아들이고 인정하게 했다.

어느 사이엔가 나는 거울의 세계로 빠져들고 있었다. 아무도 없어 두렵고 쓸쓸한 나에게 나를 걱정해 주는 내가 있다고 거울이 알려 주고 있었다. 슬픔을 추스르기 위해 타월을 가져다 쉼 없이 눈물을 닦아 내는 나에게 내가 곁에 있음을 가르쳐 주었다. 무서움에 질린 나를 스스로 다독이게 했다. 어려서 막연했지만 홀로 외로울 때 나의 버팀목은 나 자신이어야 함을 거울로 배우고 있었던 것이다.

평상시 화장대 앞에서 놀면서도 깨트릴까 봐 은근히 마음 쓰이게 하던 사물이 거울이다. 결코 만만하고 편한 대상물은 아니었다. 함부로 까불고 나대지 못하게 하는 엄격함을 닮은 딱딱함이 배어났다.

절대로 나긋한 데는 없는 거울이 현재의 나를 뚜렷하게 느끼게 해 나한테 집중할 수 있게 했다. 서서히 몰입된 만큼 생각해 낼 수 있게 되었다. 팽배한 불안감을 비집고 어머니가 화장대 앞에서 화장하던 평화로운 모습이 떠올랐다. 웃으며 빨리 갔다 오겠다던 것도 생각났다. 그 틈새로 지금은 무섭지만 조금만 있으면 어머니가 올 거라는 믿음도 슬그머니 생겼다. 단호해 보이기만 하는 거울이 울고 있는 나를 견디게 해 주었다. 무엇보다 그 적요한 방에서 꾀죄죄한 내 얼굴을 확연하게 보며 나에 대한 객관적 시선을 최초로 눈뜨게 되었다.

살면서 실수한 자신에 대해 관대하고 싶은 심정을 누르고 굳이 집어내어 반성하는 일이 몹시 쓰라릴 때가 있다. 아린 마음을 다잡고 자신을 직시하려 애쓰는 습관은 그 겨울날 거울 속의 못나고 보잘것없던 나를 속속들이 보아서일 것 같다.

거울이 멋모른 채 안이함의 막에 싸여 있는 영혼을 맨 처음 건드려 주었다.

정월 대보름

　생솔가지 대신 댓가지를 묶어 쌓은 달집이 푸른 댓잎으로 흔들린다. 농악대의 풍물놀이 소리가 하늘로 우뚝 선 달집을 휘돌아 울려 퍼진다. 해도 달을 축원하듯 몸을 낮추고 노을을 깐다. 모여든 사람들이 달맞이를 기대하며 서성인다. 잠시 일상을 밀어 놓고 즐겁게 분주한 발길들에 섞여 나는 H 시인과 말랑한 절편을 사 먹는다.
　풍습대로 아침에 오곡밥과 갖가지 나물을 하고 두부를 넓적넓적하게 썰어 넣은 생선매운탕을 끓여서 정월 대보름 명절 밥을 먹었다. 첫술을 김에 싼 복쌈도 먹고 부럼을 깨고 귀밝이술도 마셨다. 어머니가 대보름날에 해 주시던 대로 나도 평생 따라서 하고 있다.

딸애가 어렸을 적, 삼월에 유치원에 들어가서 유월쯤 된 어느 날 머리에 손톱만 한 탈모 흉터가 다섯 군데나 생겨 있어 깜짝 놀랐다. 병원에선 원인을 알 수 없고 처방해 줄 약도 없다고 했다. 의사는 설명 끝에 아이들은 세상을 살아갈 능력이 없어 무의식적으로 눈치를 보며 살아가므로 심인성일 수도 있다는 말을 덧붙였다. 제 딴엔 유치원에서 시작한 사회생활이 벅찼나 보았다. 별 방법이 없던 나는 탈모의 회복에 대해 깊은 고민을 했다.

어느 순간 파란 하늘에 문득 제트기가 지나가듯 생각 하나가 떠올랐다. 정월 대보름에 굳이 '오곡밥'을 해 먹는 풍습을 가진 우리의 몸속은 '오장육부'로 이루어져 있다? 오장의 '오'와 오곡밥의 '오' 사이에 관계 줄을 이어 보았다. 지푸라기라도 잡는 심정으로 현미, 수수, 차조, 콩 등을 넣은 오곡밥을 지어 식탁을 차렸다.

오곡밥을 먹은 지 일주일째 되던 날 탈모 흉터에 떡잎같이 보드라운 머리털이 나기 시작했다. 믿을 수 없는 현상에 눈을 의심하며 몇 번이나 확인을 했다. 하루가 다르게 머리카락이 자라났다. 딸애한테 있던 극심한 꽃알레르기 증상도 씻은 듯이 없어졌다. 이루 말할 수 없는 신비스러움을 나는 그때 보았다. 지금 딸애는 무성한 머리숱을 갖고 있다.

그 일이 있은 후부터 나는 끼니마다 여러 가지 곡식을 섞은 잡곡밥으로 식구들의 건강을 챙겼다. 그런 연유일 것이다. 두 아이는 무척 튼튼하게 성장했고 남편도 건강하다. 나는 정월 대보름 명절 음식을 빠뜨리지 않을뿐더러 그지없이 슬기로운 문화유산을 물려준 우리 선조에게 마음을 다해 감사를 올린다.

할아버지, 할머니가 계시는 시골집의 상머슴은 매일 묵묵히 일을 하다 섣달 그믐날이면, 새 옷을 입고 할아버지께 묵은세배를 드린 뒤 할머니가 쥐어 주신 선물 보따리를 양손에 들고 자기 집으로 설을 쇠러 갔다. 설에 가서 정월 대보름날까지 지내고 돌아왔다. 정월 대보름 명절은 머슴에게 보름 동안의 휴가를 주며 일 년 농사를 잘 지어 달라고 간곡히 부탁하는 풍습이기도 했다.

설이 수직의 명절이라면 정월 대보름은 수평의 명절이다. 설엔 조상에 차례를 올리고 웃어른에게 세배를 드리고 평상시 은혜를 입은 사람에게 허리를 접어 감사를 표한다. 집안의 화평을 조상에 기원하고 스스로의 마음가짐을 우러러 가다듬는다. 위를 향해 예절을 다 하는 명절이다.

그에 비해 정월 대보름엔 오곡밥과 아홉 가지 나물 등으로 집안

식구와 자손들의 건강을 살핀다. 곡식과 식물을 수확하는 땅을 보살펴 돌보는 마음을 새기고 물고기와 해초를 걷어올리는 바다를 깊은 눈길로 가늠해 보고 까마귀한테 오곡밥을 나누어 주며 대자연을 인식하고 감사한다.

사방이 불 붙기 쉬운 초가집이고 볏짚가리인 농경 사회에서, 멈출 수 없는 매혹으로 유혹 받는 아이들의 불장난은 신의 함구처럼 금기시되어 있었다. 정월 대보름 밤만은 교교한 달빛 속에 신나는 쥐불놀이로 아이들의 카타르시스를 배려했다. 예의를 다해, 딛고 선 데서 수평으로 무한히 펼쳐진 지상의 사방을 돌아보는 명절이다.

교차점은 교차하여 가능해진 무한 방향으로 열린 가운뎃점이다. 한 해를 시작하는 첫 달의 절반인 보름날, 수직과 수평을 교차시킨 지점에 일 년을 막힘없이 끌어갈 달을 향해 달집을 앉힌 것이 정월 대보름 명절이다. 만사형통의 의미로 읽힌다.

고요한 영겁으로 흐르는 달이 둥글게 떠오를 때 이윽고 달맞이 불을 지른다. 확, 붙어 오르는 세찬 불길에 이 땅의 액운이 찰나의 들숨 한 번으로 소멸될 것 같다. 수많은 사람들이 소원을 적어 매단 소지들이 염원을 품고 활활 타오른다. 붉게 물든 얼굴들이 불길에 매료되어 풍족한 길운을 기원한다.

저마다 휴대폰을 높이 들고 치달아 타오르는 풍요의 불꽃을 사진에 담고 있다. 지신, 해신, 천신이 달려와 훨훨 용틀임으로 해후하는가. 맹렬한 불길에 가슴이 북받친다. 색색의 불꽃놀이도 검은 허공에 휘황찬란하게 덧대어 터지고 환호하며 작약한다. 우리 대보름 풍습 놀이가 땅을 굴리고 하늘에 찬다.

붉은 염원, 소원성취하리라!

스완 송(Swan Song)을 위하여

　벚꽃은 천지에 가득하다. 만발한 벚꽃이 진한 봄을 쏟아내고 부신 햇살 속으로 바람이 지나간다. 봄 햇살을 흔들며 서둘러 떨어지는 꽃잎들이 있다. 꽃잎이 봄가루처럼 날리는 날에 그녀는 떠났다. 배우 K가 나와 상관이 있을까만 고향이 같은 부산이고 동갑내기여서인가 돌확에 내려앉는 꽃이파리처럼 쓰러져 간 그녀가 자꾸 돌아보인다.

이십 대 시절 학사주점에서 학교 선배들의 틈에 끼여 있는데 옆자리의 젊은 남자가 자신을 교사라고 소개하며 부산여상에서 K를 가르친 적 있다고 했다. 그녀는 예쁜 학생이었으며 생각을 많이 하는 아이였고 그에게 찾아와서 인생에 대한 질문을 자주 했다고 들려주었다. 신인이었던 K가 텔레비전 드라마에서 인기를 끌고 있던 때였다.

그 시대 부산여자상업고등학교는 공부를 잘하는 학생이 가정 형편상 대학 진학을 포기하고 일찍 사회로 나가 직장을 갖기 위해 선택하는 학교였다. 부산여상을 다녔다는 말을 들을 때 K의 까만 눈이 떠올랐다. 집과 학교를 오가는 일상에서 그녀는 이미 중학생 시절 어린 나이부터 체념하는 법을 배워야 했으리라. 작은 가슴 속엔 여러 가지 생각들이 겨울나무의 잔가지처럼 얽혀들었을 것이다.

일상은 날마다 반복되는 생활을 이르는 말이다. 날이면 날마다 되풀이되는 생활을 지겹게 생각하며 벗어나고 싶어 하는 사람들이 많이 있다. 하루라도 더 받은 휴가의 나날을 붙들고 일상을 뒤로하는 것을 더없이 좋아한다.

내게도 그런 적이 있었다. 연년생인 두 아이가 고등학생 즈음이었다. 야간 자율 학습으로 저녁 도시락까지 아침마다 네 개씩 준비할 때였다. 건강이 체력으로 연결되고 체력의 바탕에서 공부에 집중할 수 있다는 내 나름의 지론으로 도시락 반찬을 예닐곱 가지씩 담았다. 새벽같이 일어나서 반찬을 만들어 적어도 스물여덟 개의 반찬통을 늘어놓고 담노라면 많은 시간이 걸렸다. 거기에다 과일과 커피를 곁들이면 도시락만으로도 한 짐을 싸야 했다.

빨래와 청소를 끝낸 뒤 오후에는 또박또박 시장에 갔다. 내일 만들 반찬거리 장을 봐 와서 식재료를 다듬었다. 날마다 반복되는 여념 없는 일상이었다. 일요일이면 식구들을 위한 특별한 음식과 간식을 만들고 틈틈이 차도 끓여 내고 나면 해가 설핏해진 오후엔 기진맥진했다. 한 주일간의 피로가 그 시간에 몰려오는 것이었다.

어느 날 갑자기 머리에서부터 발끝까지 온몸에 동통이 오고 눈물이 비처럼 쏟아졌다. 끙끙 앓으며 통곡을 하고 있는 나를 끌어안고 물끄러미 생각에 잠기던 남편이 느닷없이 제주도에 호텔을 예약해 놓고 가서 쉬다 오라고 했다. 남편은 나에 대한 치료법을 어떻게 눈치챘을까. 아이들과 집 걱정은 말고 좋아하는 바다를 실컷 보며 돌아오고 싶을 때까지 있다가 오라 했다. 아이들 도시락이며 집안일의 걱정부터 앞서서 머뭇거리는 나를 남편이 등을 떠밀었다.

그렇게 막연히 떠나는 여행을 혼자 가본 적 없던 나는 커다란 가방을 든 채 두려움으로 주춤거리며, 실은 벌벌 떨며 제주 공항에 내리는데 몰아쳐 온 눈보라가 코트 자락을 사정없이 젖혔다. 택시를 타고 우여곡절 끝에 호텔방에 들어가 창가에 서서 밖을 내다본 순간은 영원히 잊히지 않는다. 눈보라 휘날리는 세상에 펼쳐진 바다가 내 안에 가득 찬 서러움처럼 출렁이며 길 풍경이 한눈에 내려다보였다. 혼자 멀리 와 있다는 것이 믿기지 않고 어색해 창가에서 밤 풍경을 내다보며 밤을 새웠다.

아침이 다가올 때쯤 잠이 들었다 깬 다음 날 오전 창밖 풍경을 보는데 동통이 사라지고 있었다. 거짓말처럼. 웨이터는 호텔 밖의 식당에서 해물탕 같은 음식을 시켜 들여오는 것이 금지되어 있지만 자기가 재량껏 해 주겠다며 내 부탁을 들어주었다. 어릿어릿하는 나를 안심시키듯 언제나 친절한 웨이터의 배려도 나의 동통과 눈물을 덜어내는 데 한몫해 주었다.

혼자 돌아다닐 엄두가 나지 않아 쿠키와 커피도 방안에서 시켜 먹었다. 책을 읽다 두서없는 낙서나 끼적이며 일주일 동안 방에 틀어박혀 창을 통한 바다를 내다보았다. 그것만으로도 그토록 쓰라리게 흐르던 눈물과 동통이 신기하게 사라져 있었다.

그리고 뜻밖이었다. 다시 마주한 일상이 생각지 못한 안도감으로 다가오는 것을 나는 보았다. 내가 온 힘을 다하던 주부 생활의 일상이 추호도 비켜서지 않고 질펀하게 나뒹굴어 있었지만 허투루 대해지지 않았다. 무의식의 세계는 날마다 물밀듯이 밀려오는 판에 박힌 일상을 밀어내기 위해 아우성을 쳤지만 거기에 오롯한 내 삶이 있었다.

일상은 먼 데서 오지 않는다. 벽 저편에서 기척을 내거나 은밀한 눈치를 주지도 않는다. 넣어 두었던 블라우스를 봄날에 꺼내 입고 나오듯, 마트에서 양파를 골라 카터에 담듯 소소한 것들의 겹침과 반복이 배경을 칠하고 있다. 일상은 집에서 입는 헐렁한 고무줄 면바지 같아 너무도 익숙한 나머지 귀중함을 잊고 산다.

우리는 그런 만만하게 기대는 일상이 있어 산책길에 얼굴을 내민 제비꽃을 보고도 생의 예쁜 감각이 보슬비 내리는 연못의 동그라미 같이 무늬져 온다. 하늘과 땅이 쪼개지는 것 같은 아픔을 겪고도 돌아올 수 있는 일상이 있어 그 속에서 버텨 낸다.

K는 평탄하지 않은 사랑을 한 죄로 수중에 가진 것을 전 부인한테 고스란히 위자료로 주었다. 사랑하는 사람을 얻긴 했지만 일상을 이어가긴 힘들었던 것 같다. 선배 배우 G가 그 시절의 오십만 원을 말없이 쥐여 주었을 때 그녀는 가슴 복판에 붉은 피가 뚝뚝 떨어지듯 생생하게 느꼈을 것이다. 일상 위로 걸어가는 것이 얼마나 빛나는 일인가를.

그래서 그녀에겐 일상이 된 그 일을 끝까지 타들어 간 심지같이 명이 다하는 순간까지, 병원 침상 대신 녹화 현장에서 연기에 혼신을 다했다. 빛나는 스완 송(Swan Song)을 위하여 목숨을 걸었다. K 배우, 그녀는 일상에 대한 굵은 느낌표 하나 불꽃처럼 눌러 놓고 갔다.

여한 없이 사랑한 일상 위로 꽃잎들이 원 없이 떨어져 내린다.

나무

강건하고 웅자하다. 땅에서 밀어올린 몸통은 짧지만 굵다. 소나무는 곡선으로 자신을 표현하고 곰솔은 직선적 성격이라 했던가. 하지만 이 곰솔은 제 기질대로 뻗대지 않고 슬기롭게 공간을 장악했다. 튼실하게 뻗어낸 가지들을 멋들어지게 휘어서 하늘로 올리고 굽은 듯 나아가게 했다. 여한 없이 뽑아 올린 가지를 허공에 내놓으며 신중히 생각하고 사유한 것 같다. 온몸으로 시간을 기억하고 세월을 품고 있다.

　궁거랑가 골목 안에 있는 곰솔이다. 벚나무 꽃잎 휘날리는 봄날 궁거랑에 산책 나왔다 우연히 만난 오래된 나무다. 나무한테 이토록 마음이 기우는 건 도심의 주택가 골목에 요지부동으로 끼인 듯 서 있기 때문이리라. 마을의 수호신으로 대접받으면서도 우람한 몸집을 스스로 민망해하는 것처럼 건물과 주택에 둘러싸여 협소하게 자리하고 있다. 사람들이 몰려 사는 동네의 비싼 주택지를 떡하니 차지하고 있어 면구스럽다는 모습이다. 그래서 짜안한 첫 대면을 한 것이다.

　할머니의 나무가 앞산에 있었다. 시골집 마당에서 바투 건너다보이는 앞산에는 유독 수려한 소나무 두 그루가 나란하게 우뚝해 있었다. 여든 넘은 할머니 병환의 진단 결과가 노환으로 나왔을 때 외동인 아버지는 고모, 고모부들과 조용히 의논했다. 관을 준비해야 한다는 결정이 나고 넷째 고모부가 임무를 맡았다. 고모부는 인근에서 이름을 떨치고 있던 대목, 목수였다.

　장모님의 관을 재량하게 된 고모부는 빼어난 소나무 중 한 그루를 베어 내리는 일부터 엄숙하게 행하였다. 흰 무명바지와 저고리를 정갈하게 입은 고모부의 지휘 아래 그와 똑같이 깨끗하게 흰 옷 입고 흰 수건을 머리에 동여맨 인부들이 나무를 베어 눕혀 집으로 옮기는 일에만 온종일 걸리던 광경이 잊히지 않는다. 할아버지와 할머니가 이 세상을 떠나는 마지막 걸음에 몸을 뉘기 위해 수십 년 동안 키워 온 나무라는 걸 그때 알았다.

두 나무는 할아버지, 할머니와 평생을 함께했다. 아름드리 푸르고 청청하게 서서 두 분의 평생을 낱낱이 내려다보고 있다가 다시 못 올 길을 떠날 때도 묵묵히 따라갔다. 두 분이 그토록 부지런하게 사셨던 건 내생까지 같이할 나무를 지척에 두고 생을 나아가고 있었기 때문이지 싶다. 곁에 두고 쳐다보며 떠나야 할 순간을 매일 상기하는 삶을 잠시라도 허투루 지낼 수 있었을까. 사람과 나무는 끝까지 서로 팔짱을 얽어 끼고 좇아가는 간곡한 사이임을 그렇게 보았다. 멀고 먼 저승길 나서며 명주옷 한 벌 입은 할머니가 가져가는 건 베어 낸 나무 한 그루였다.

할머니 생전에 삶을 더불어 했던 나무들이 있었다. 시골집 뒷마당에 면하여 펼쳐진 밭엔 밭둑을 빙 둘러 육십 그루 넘는 감나무 사이사이에 뽕나무가 끼여 있었다. 그 끝에는 숲 짙은 대밭이 수런대었다. 집을 지을 때 밭의 경계 삼아 심은 나무들이었다. 철따라 대밭의 대를 쪄내어 소쿠리와 광주리를 엮어 채소를 씻어 건지고 삶은 보리쌀을 담아 매달며 일상에 사용했다. 감 계절엔 주홍빛 감이 감나무에 주렁주렁 늘어져서 할머니를 환하게 반겼다. 할머니가 고추장에 넣어 둔 감장아찌는 비할 데 없는 맛이었다. 뽕나무에 연한 뽕잎이 벋어 나오면 할머니는 누에를 치고 명주를 짜서 식구들에게 명주옷을 지어 입혔다. 나무에 생활을 기댄 것이다.

대문을 나서면 집 앞을 지나가는 길이 끝없이 이어지고 길 따라 맑은 시냇물이 흘렀다. 대문 바로 앞에 시냇가에 뿌리를 내린 키 큰 구기자나무가 무성하게 잎을 돋우어 철마다 붉은 열매가 다닥다닥 열렸다. 할머니는 좋은 약나무라며 언제나 자랑스러워했다. 그토록 유명한 나무가 집 앞을 지켜 주는 것을 무척 흡족해하면서도 그 좋다는 약을 한 알도 따지 않았다. 본래 그 자리에 있던 것이기에 당신 것이 아니라고 여겨 열매에는 손도 대지 않고 아끼며 바라보기만 했다.

그러고 보면 할머니는 저절로 산에 나 있는 산나물도 캐지 않았으며 다디단 산머루가 산을 뒤덮은 듯 열려 있어도 따는 걸 본 적이 없다. 그저 쳐다보며 많이 영글었다고 기꺼워하기만 했다. 산과 들의 나무는 홍수를 막아 마을을 보호해 준다며 좋아했다. 할머니에게는 귀하게 치어다보기만 하며 애지중지하는 나무가 있었고, 혜택 받는 나무한테 고마워했으며, 한세상 하직하고 떠나면서 데리고 가는 나무가 있었다.

신라의 문장가 고운 최치원 선생이 그 옛날 홍수를 막기 위해 함양에 수림을 조성한 것이 지금의 상림공원이다. 조선의 정조 임금은 너무도 많은 나무를 심어 효행을 하고 백성의 삶을 살폈다. 조선 중엽에 심 씨가 들판 가운데 밭둑에 나무 한 그루 심은 것이 이 곰솔이다. 곰솔은 제 할 일을 잘 안다는 듯 거목으로 자라 마을을 지키는 당산나무가 되었다. 세월이 흐르며 시대가 변하여 곰솔나무는 이제 논과 밭이 질펀하게 펼쳐졌던 드넓은 들판의 제 선 자리를 사람들에게 고스란히 내어 주고 비좁게 서 있다.

 사람들 마을에 섞여 살아서일까. 노거수 곰솔은 팍팍한 한세상 살아가는 인간의 애환에 귀를 기울이는 형상이다. 장대한 몸집으로도 훤히 트인 하늘보다 사람이 살아가는 땅 쪽으로 몸을 낮추고 있다. 저세상으로 떠나는 할머니와 같이하는 나무를 보아서인가. 일조량 따라 살아 내느라 삐딱해진 이 껍질 거친 곰솔에 마음이 간다. 부대끼는 삶에 무너지지 않겠다고 앙다물고 여며둔 마음이 저 혼자 울적해지는 날이 있다. 그런 날 고요히 서 있는 이 나무가 생각나곤 한다. 타박타박 살아온 한세월을 풀어내면 곰솔이 굽은 가지 내밀며 다 들어줄 것 같다.

불 꺼진 창

　종일 바람이 분다. 오후가 되자 하늘이 꺼멓게 덮여 오더니 비마저 쏟아진다. 서둘러 네온사인이 돋아나고 상가의 불빛이 선명해진다. 빗발도 제 길을 못 찾고 바람결에 흩어진다. 불빛 삼킨 가게 하나, 어둡게 웅크리고 있다. 석 달째다. 행인들마저 컴컴한 가게 앞을 지날 때는 후줄근해 보인다. 잘 버텨 나간다고 생각했는데 불경기의 고비를 못 넘기고 주저앉았다. 가게 창에 검고 굵게 폐업이라고 써

붙이고 가게 주인이었던 그는 떠났다. 가게는 저 혼자 시꺼멓게 굳어져 있다.

칠팔 년 전 아파트 베란다에서 내려다보이는 길 건너 모퉁이에 음식 가게가 문을 열었다. 가게 주인 남자는 대기업 중견 간부로 명예퇴직을 하고 직접 주된 요리를 배워서 개업을 했다고 이웃으로부터 전해 들었다. 그렇게 아는 것도 아는 것이 되어 가게에 눈길이 갔다. 대기업 간부에서 주방장이며 음식점 사장으로 변신한 그는 의욕적이었다. 새벽까지 가게 문을 닫지 않았고 명절날에도 정오가 되기 무섭게 가게를 열었다. 가게 문을 여는 데가 별로 없는 명절에 우리 식구는 우르르 몰려가서 저녁 식사를 하곤 했다.

도시는 불빛이 일으켜 세우고 키워 나가는지도 모른다. 허허벌판 모래땅에 처음 라스베이거스 도시를 만들 때 제일 먼저 만들어 꽂은 것은 거대한 네온사인 간판이었다. "라스베이거스로 오라." 무턱대고 앞뒤 없는 글자를 넣은 간판에다 오색 네온사인 불빛이 눈이 아프도록 명멸했다.

허황하게 보일 만큼 네온사인부터 만들어 놓았다. 대형 호텔을 세우고 카지노 게임장을 들여 색색의 네온사인으로 둘둘 감아서 황량함을 밀어내고 밤의 어둠을 지워 나갔다. 휘황한 불빛으로 사람들을 불러들였다. 라스베이거스는 당연한 듯이 '불야성' 별명을 얻으며 세계 유일의 도박 도시가 되었다. 불빛으로 화려함의 극치를 이룬 관광 도시로 거듭났다.

　가게를 종교처럼 지켰던 그의 잃어버린 불빛은 어느 모퉁이에서 찾아낼까. 새벽까지 켜져 있던 가게 불빛은 촛불을 켜고 온밤을 새우는 기도보다 더 간절해 보였다. 아름다운 아내와 가족을 짊어지고 살아 내야 하는 그는 홀로 외로웠겠지만 외로운 줄도 몰랐을 것이다. 계속되는 불경기 탓이었을까. 손님이 제법 들었는데 작년부터는 전과 같지 않게 줄어들고 있었다. 퇴색되어 가고 있는 분위기를 그나마 돋우고 있는 것은 견고할 만큼 환한 불빛이었다.

　그는 이제 온 힘을 다해 붙잡고 있던 불빛을 놓쳐 버렸다. 가장으로서 불을 끄기까지 숱한 고민의 순간들과 맞섰을 것이다. 마지막 가게의 전등 스위치를 내리는 순간 부릅뜬 갈망의 생명력 같던 불빛에 의지하고 있었음을 확인했을지도…….

　불 꺼진 가게의 어둠은 완강하다. 삶에 대한 꿈 한 번도 쉽게 꾸지 말라고 어깃장을 놓는 것 같다. 실눈을 뜨고 잠시만 보고 싶어도 가는 불빛 한줄기 없다. 오렌지색 감귤 하나 눈에 띄어도 불빛이 연상된다. 어둠도 삶을 향해 들이대는 비명을 침묵으로 내지르는 것 같다.

　갑자기 내리는 빗물은 금방 길바닥을 적시고 번들거리며 미끄러워 보인다. 바람은 쉴 새 없이 일렁인다. 꽉 찬 불빛으로 명확한 삶 하나 붙들고 닿기 위해 그는 어디를 가고 있을까. 바닥을 치고 튀어 오른 빗물은 그의 바짓가랑이를 흠씬 적실 것이다. 등불 하나 없이 그는 어두운 쪽에서 걸어가고 있으리라.

도시는 풍부한 불빛으로 풍요를 구한다. 도시를 뒤덮고 있는 네온사인도 정신이 나간 것같이 명멸하고 있지만 저마다 투쟁과도 같은 삶의 이유 하나씩 악물고 있다. 무망해 보이는 가로등도 치밀한 계산 아래 결연히 서 있는 것이다. 부시도록 뻗어 나는 불빛 속에서 도시는 그림자를 용납하지 않는다. 도시의 그림자는 추레한 궁상의 상징이 되고 말았다.

경기 불황 속의 라스베이거스는 지금 세상없이 화려했던 네온사인 불빛이 줄어들고 있다. 라스베이거스의 어둡고 습기 찬 지하 공간에는 경제적 궁핍에 노출된 사람들이 숨어들어 생활한 지 오래되었다.

고대 플로티노스는 '예술미 이론'에서 빛은 정신이고 물질은 어둠의 덩어리로 상징했다. 그는 그림자를 피하고 사물을 빛 속에 드러낸 표현으로 정신에의 도달을 지향했다. 그가 묘사한 풍성한 빛을 지금 시대의 도시인들은 정신이 아닌 물질을 위해 가져다 놓았다. 공간과 사물을 '빛'으로 채워 그림자 지지 않게 한다. 물질의 팽창이

빛의 확장과 비례 관계가 되었다. 이제 빛은 물질이 정신 위에 군림할 때 배경의 역할을 뻔뻔하게 담당하고 있다. 플로티노스는 사람들이 끊임없이 추구한 물질에 되려 위협당하는 시대를 이미 예감했을 성싶다.

거리에는 연속되는 불황으로 허기진 삶의 외롭고 막막한 사람들이 늘어나고 있다. 그저 묵묵히 살아가고 싶은데 두 발 딛고 선 자리가 자꾸 무너져 내린다. 그림자 진 담벼락에 등을 기댄 채 그들은 지쳐간다. 매일 삶의 정처 없음에서 벗어나길 절실하게 염원한다. 환하게 불빛이 다가오는 소리를 듣고 싶을 것이다.

불 꺼진 창, 육중한 공간이다.

어둠이 날마다 굳건히 응고되고 있다.

2부

연분홍 저고리에
차 향기 번지는 소리

흔들림 없는 마음결

　사월 초파일이 다가오면 태화강변에서 다리 난간까지 연등이 내달린다. 색 고운 꽃등들이 바람결에 흔들려 물무늬를 이룬다. 불 밝힌 연꽃들이 도시의 밤에 떠올라 세상은 일찌감치 해탈을 한다.
　시골집 안채 기둥엔 네 면이 유리로 된 호롱등이 걸려 있었다. 방학 동안에 가서 외사촌들과 저녁을 먹고 아랫마을 고모 댁에 놀러 갈 때면 기둥의 등을 벗겨 불을 붙여 들고 나섰다. 등불에서 나아간

빛이 어두운 밭둑가에 적막하게 엎드린 산의 어깨도 물끄러미 드러나게 하고 시냇물을 함께 짚어 따라오는 솔밭의 웅얼거림도 눅어들게 했다. 아무리 눈을 비벼 크게 떠도 먹물이 꽉 찬 듯한 캄캄한 그믐밤에도 등불에 의지해 무서움을 떨쳐 내며 두런두런 걸어갔다.

막막한 어둠 속을 무탈하게 지나가도록 등불을 밝혀 주는 사람들이 있다. 지난해 연말 갑자기 코피가 쏟아져 119구급대로 실려 가서 응급 처치를 받는 소란이 있었다. 그런 나를 두고 한의사인 친구가 그랬다. 코에서 피가 나지 않고 뇌나 심장의 핏줄이 터졌다면 나는 이미 이 세상 사람이 아니거나 반신마비가 되었을 거라며 천만다행이라고 했다. 얘기를 듣고 있노라니 까맣게 잊고 있던 오십 년 전의 기억이 아스라이 떠올랐다.

대학 입학을 앞두고 고등학교 때 코피를 자주 흘리던 나를 데리고 어머니는 이비인후과 병원에 갔다. 그 시대 새로 개발된, 콧속의 약한 핏줄 교차점마다 땜질을 해서 핏줄이 터지지 않게 하는 시술을 원장에게 부탁했다. 어머니는 우선 코피를 안 나게 하는 것이 최선의 처방이라고 생각한 것이다. 하지만 원장은 시술을 선뜻 해 주지 않았다. 앞으로 내가 나이 들면서 사는 동안 코피가 터져 버리는 것이 더 나은 순간이 생길 수도 있다고 설명했다.

병원에 다녀온 뒤 입시 공부 스트레스를 벗어나서인지 코피를 흘리는 일 없이 평생을 지내 왔다. 의사 선생은 치료비도 듬뿍 받는 새로운 의술로 시술해 주어도 되었을 터인데 그의 지식과 혜안은 내 인생의 먼 먼 후일을 먼저 염려해 주었다. 의술을 인술로 베풀어 주었음을 길고긴 세월이 흐른 후에야 알게 된다. 코피를 그토록 흘리고도 몸에 별다른 징후도 없이 이렇게 잘 지내고 있는 것은 그 선생 덕분이다. 내 생의 밝은 등불이 되어준 분이다.

미약하기 이를 데 없는 존재가 사람이다. 눈에 보이지도 않는 바이러스가 몸에 들어와서 속절없이 죽기도 하고 어디선가 윙 하고 날아든 한 마리의 말벌에 쏘여도 자칫 죽음을 맞게 된다.

겨울에서 봄으로 넘어오는 계절을 전환시키는 음력 이월에 부는 북서계절풍도 바람을 타고 오는 영등할매로 모셔 들여 허리를 굽히고 간곡히 마음을 모았다. 바람을 안고 씨를 뿌려야 하는 농부들과 바람 속 사나운 파도에 배를 띄워 고기를 잡아야 하는 어부들은 변덕스럽게 방향을 바꾸어 치닫는 된바람을 달래려 정성을 다해 제를 올렸다. 농업이나 어업과 상관없는 사람들도 새치름하게 파고드는 계절풍에 독한 감기나 질병에 걸리지 않고 사고 없이 해 달라고 음식을 차려 놓고 간절히 비손을 했다. 사람은 한 치 앞을 모르고 살아가기 때문이다.

내다볼 줄 모르기에 깜깜할 수밖에 없는 세상, 그래서 초파일

연등은 저리도 환하게 먼 곳을 밝힌다.

결혼 전 초파일에 친구들과 연등을 들고 제등 행렬에 섞여 시내를 걸었던 적이 있다. 신도들이 모여 앉아 지성으로 만들었을 연등에 촛불을 켜니 석가의 자비가 분홍빛 연꽃으로 피어났다. 등이 제 몸을 둥글게 말아 불을 지폈다. 작은 불꽃이 고요히 정성스럽게 타올랐다. 등은 흔들리는 불꽃을 차분히 앉혀 소망의 등불이 되었다. 촛불을 품고 태어난 꽃등이 사방에 품 넓은 빛을 퍼뜨렸다.

촛불 하나로도 온 방을 빛으로 채운다. 등불은 자기만의 방에서 기꺼이 나와 주위를 밝히고 길을 비추어 여러 사람들이 나아가게 도와준다. 한 사람이라도 더 빛 속에 들게 하려면 등불을 든 사람은 팔을 최대한 뻗쳐 위로 높이고 앞서서 걸어가야 한다. 계속해서 똑같은 자세를 취하려면 불편함을 지나서 괴로움이 되어 달라붙는다. 고통을 무릅쓰고 온 힘을 다해 손목에 힘줄을 세운다. 변함없이 꿋꿋한 불빛 한 점 더 퍼져 나가도록.

"민들레는 장미를 부러워하지 않는다."는 화엄경의 말씀을 떠올리며 등불 앞에 서면 나는 더없이 평안하고 행복하다.

아줌마, 그리고 7센티미터

"아줌마!" 거칠게 퍼져 나가는 사내의 소리였다. 우지끈 구겨서 내동댕이치듯 사나운 소리가, 사내를 스쳐 지나가던 쉰 후반의 여인에게 날아가 꽂힌다. 몹시 다급한 사정이 있는지 골똘한 생각에 잠긴 채 급하게 걸어가던 여인이 사내를 조금 부딪는 바람에 들고 있던 커피가 바닥에 쏟아졌다.

그렇게 된 것도 미처 모르고 가던 여인이 그제야 몸을 돌려 "죄송

합니다, 죄송합니다." 사과를 한다. "이게 뭐요, 똑바로 보고 못 다녀요? 아줌마!" 마흔 후반대의 사내는 한 번 더 아귀 세게 여인을 윽박지른다. 한쪽 어깨엔 커다란 손가방을 걸쳐 매고 한 손엔 작은 여행가방을 든 여인이 사내 앞에 엉거주춤 서 있다.

서울에 볼일이 있어 KTX를 타고 서울역에서 내려 대합실로 들어갔을 때이다. 커피가 쏟아져서 기분이 좋을 리는 없겠지만, 넘친 커피에 옷이 얼룩진 것도 아니고 커피 방울이 검정색 바짓단에 약간 튄 정도일 텐데 사내는 격한 역정을 낸다. 붐비는 사람들이 힐끗힐끗 돌아보는 대합실에서 여인은 여전히 생각은 다른 데에 빼앗긴 표정으로 어리둥절해서 서 있다. 저 여인도 나처럼 지방에서 서울에 온 행색이다. 어딜 그토록 정신없이 가고 있던 것일까. 서울에 있는 자식이나 가족의 갑작스러운 변고를 통보 받고 가던 길인가.

신종플루로 온 나라가 난리 난 듯 소란스러울 때 서울의 아들 전화를 받았다. 감기에 걸려 고열이 내리지 않는다는 지친 음성이었다. 대학을 들어가면서 내내 혼자 서울 생활을 하던 아들은 감기 같은 일로 전화하는 성미가 아니었다. 혹여 그 무섭다는 신종플루는 아닌가 하고 가슴이 덜컥 내려앉아 몸과 마음이 후들거렸다. 옷을 갖춰 입을 여유도 없이 집에서 입고 있던 티셔츠에 손에 잡히는 대로 카디건을 걸치고 대충 꾸린 가방을 어깨에 매단 채 헐레벌떡 서울로 왔던 때가 생각났다. 그날의 내 모습이 저 여인 같았으리라.

아줌마. 세상의 여인들 중에서 아줌마 층이 제일 두텁다. 그럼에도 아줌마들이 데면데면하게 대하는 호칭이 '아줌마'이다. 아주머니를 낮추어 이르는 호칭이어서일 것이다. 그 '아줌마'를 저 사내는 자신보다 십 년은 더 일찍 태어나서 살아온 세상의 선배인 여인을 향해 벽돌 모서리를 들이대듯 날을 세워 불러 댄다.

그 나이대의 어디에서나 흔히 볼 수 있는 '보글보글 퍼머'머리, 엉덩이를 덮는 덤덤한 느낌의 윗옷과 바지, 뒤가 트인 통굽 신발을 신고 있다. 키가 작은 편인 여인은 키도 높여 주고 꿰어 신기도 편리한 신발을 선호하는 것 같다. 저렴한 가격의 옷차림새다. 검정 면바지는 태도 나지 않는다. 여느 아줌마들처럼 남편과 자식은 알뜰히 챙긴 뒤, 한 푼이라도 가계 저축을 위해 자신에게 드는 비용은 최소한으로 아꼈으리라.

여인이 신고 있는 슬리퍼형 통굽 신발은 뒤축이 5센티, 앞축은 2센티이다. 그녀의 몸을 직접 감당하는 높이는 3센티미터다. 나이가 든 아줌마들이 구두 굽 7센티를 포기하고 얻는 편안한 높이다. 굳이 높이라고 말할 것도 없는 3센티의 표현에 대해 저 사내는 한 번이라도 유의해 본 적 있을까.

죽을힘을 그러모아 출산을 하고 온몸을 바쳐 뼛골 빠지게 자식을 키우며 허겁지겁 살다 보면, 생애의 어느 날에 구두 굽 7센티미터의 높이를 더 이상 감당할 수 없다는 허리와 무릎의 소리 없는 투덜거림과 맞닥뜨리게 된다. 낡은 기계처럼 나이 먹은 몸뚱이가 마모되었다는 허리 피로감과 무릎의 시큰거림으로 통보를 받게 되는 것이다. 항변할 데 하나 없이, 쉰 중반 이후의 아줌마들 대부분은 7센티로부터 묵묵히 내려선다.

정장 차림을 하거나 세련된 모습으로 나서고 싶을 때면 샤넬라인 원피스, 혹은 투피스에다 곧은 종아리 아래 신은 7센티의 하이힐은 중년 여인들의 은근한 로망이다. 여자의 몸매를 부드러운 포옹처럼 감싼 샤넬라인 원피스를 7센티의 하이힐이 단아한 아름다움으로 완성시켜 준다.

한국 중년 여자들의 키에서 몸태와 옷맵시를 예쁜 자태로 드러나게 해 주는 7센티 굽의 하이힐에 대해 그들은 너무도 잘 인식하고 있다. 넘침과 경박함을 물러나게 하며 우아한 여성스러움의 적정선을 아줌마들은 영원히 간직하고 싶어 한다. 하지만 그들은 삶의 행로 어디쯤에서 세월의 나이와 맞바꾸며 내려서야 한다. 여자로서 결코 놓치고 싶지 않은 매력의 7센티를 떠나보내야 하는 쓸쓸함을 말없이 홀로 삼킨다. 아내이고 엄마인 아줌마들은.

브루스 커밍스 교수는《한국 현대사》에서 "우리 모두가 여성에게서 태어나 사회에 들어왔다."고 말한다.

　가족을 위해 희생과 헌신으로 살아 낸 아줌마들의 잃어버린 7센티미터를 향해서 조금은 정중할 일이다.

목단화가 피던 날

 닭의 발은 적나라하다. 바짝 마른 네 개의 발가락이 어찌해 볼 요량도 없이 오그라들어 있다. 앙상한 모양이 하 애잔해 고개를 돌리고 싶어진다. 살을 발라 놓은 것보다 원형 그대로가 더 맛있다는 주인아저씨의 말에 솔깃했던 것이 후회가 되기도 한다.
 마음을 다잡아 먹고 닭발 하나를 집어 든다. 한번 먹어 보자고 달려온 길이 아닌가. 역시 생김새 대로 먹을 것이 없다. 입안의 혀가 잠시 허둥거린다. 다음 순간 이렇게 끝나면 안 되지 하는 듯 느낌 하나가 짜르르 퍼진다. 단박 머릿속이 횅해지도록 매운 양념이 감칠 맛으로 감겨오며 복병처럼 혓바닥을 쏜다. 살 한 점 없이 무엇 하나 내세울 것 없는 닭발 입장으로선 절치부심 마련한 비장의 무기이리라. 제 딴엔 확실하게 맛의 세계를 이루고 있다.

장마기로 접어들어 종일 장대비가 퍼붓더니 저녁이 되어도 그칠 줄 몰랐다. 비가 추적추적 내려서인지 잠잘 시간인데 뱃속이 출출해져 왔다. 불현듯 친구에게 닭발구이를 맛있게 한다는 집을 들었던 기억이 떠올랐다. 잠자리에 들려는 남편을 꼬드겨 닭발 집을 찾아 나섰다. 가게 문이 닫혔을 시간이라서 헛걸음을 할 셈으로 도착한 닭발 집은 길에서 보면 얼른 눈에 띄지도 않을 만큼 작고 허름했다.

안으로 들어서다 잠시 주춤했다. 밤 열두 시가 넘은 시간에 좁은 실내엔 사람들의 열기로 가득했다. 집으로 돌아갈 것도 잊고 서로의 일행들과 왁자지껄하고 있었다. 겨우 하나 비어 있는 자리를 차지하고 앉아 살점 하나 없는 닭발을 먹고 있다. 처음 먹는 음식이고 심하게 매운데도 당기는 맛이 있다. 무얼 어떻게 먹어야 잘 먹는 것인지 모르겠지만 열심히 발라 먹는다.

좁은 실내에 사인용 탁자가 좌우 합쳐 일곱 개다. 서로 목청껏 나누는 이야기들이 활기찬 생기로 다가온다. 오른편의 탁자 두 개를 붙여 앉은 등산객들은 마냥 즐겁기만 하다.

맞은편 둥근 탁자에 둘러앉은 사십 대 초반의 다섯 여자는 할 말이 정말 많은가 보다. 끊임없이 이야기가 오고 간다. 저녁 늦게 일을 마치고 퇴근길에 모인 것 같다. 탁자 위에는 언제 비워졌는지 빈 닭발 접시와 비워 낸 소주병 두 개가 놓여 있다. 저토록 말을 많이 해서 목이 마를 만한데 추가 주문은 하지 않고 이야기만 계속한다. 만오천 원짜리 닭발 한 접시와 소주 두 병 값이 그녀들이 오늘밤 이 가게에 지불하기로 마음먹은 자릿값인 것 같다. 등받이도 없이 엉덩이만 걸치는 플라스틱 의자에 앉아 이야기가 그칠 줄 모른다.

그러고 보니 그 옆자리도 빈 접시다. 술잔을 별로 주고받지 않는다. 남자 둘과 여자 둘이 이야기만 한다. 우리 왼편엔 세 사람이다. 갓 서른쯤 된 연인 한 쌍과 마주앉은 삼십 대의 여자다.

서른예닐곱으로 보이는 여자는 맞은편 젊은이와 계속 대화를 나눈다. 아니 여자가 일방적으로 말을 하고 두 사람은 주로 듣는 편이다. 참 반갑다는 소리를 틈틈이 섞으며 거의 혼자 얘기를 하는데 아직 미혼으로 보인다. 살이 투덕투덕 붙은 얼굴이 큰 편이고 그에 맞춰 입도 크고 음성도 크다. 목소리엔 힘도 서려 있어 우렁차기까지 하다. 힘찬 목소리로 자신의 결혼관과 이성을 바라보는 관점을 쉬지 않고 말하고 있다. 하도 목소리가 우람해서 그녀가 피력하는 견해는 모두가 옳고 확실하리라는 생각까지 든다.

남편은 맥주를 곁들여 매운 닭발을 먹고 나는 너무 매운 나머지 뜨거운 국물과 사이다와 같이 먹고 있다. 닭발은 매번 그리 쉽게 먹어지지 않는다. 치아와 혀를 규모 있게 사용하여 효과적으로 먹어야 하는 일에 신경을 쓰느라 우렁찬 아가씨의 말을 조금씩 놓치기도 한다. 닭발을 잘 발라 먹으려고 애를 쓰면 쓸수록 자꾸 허리는 앞으로 굽어지고 고개를 탁자 쪽으로 처박게 된다.

그렇게 또 하나의 닭발을 먹고 사이다를 마시려고 고개를 드는 순간 우렁찬 아가씨가 무슨 말끝에인지 씩씩하게 말을 하고 있다. "나는 얼굴이 커서……." 지금까지 거의 듣기만 하고 있던 맞은편의 젊은이가 쏜살같이 말을 받는다. "얼굴이 안 큽니다. 얼굴에 살이 좀 있어서 그렇지 안 큽니다." 순간 우렁찬 아가씨의 얼굴에 봄 햇살 같은 미소가 번진다. 선한 목소리의 청년은 성실하고 진지하게 마무리를 한다. "살이 통통한 거지, 큰 얼굴이 아닙니다." 순식간에 소리의 울림이 매우 큰 아가씨의 얼굴이 탐스러운 한 송이 목단화로 피어난다.

나는 마시던 사이다 컵을 든 채로 고개를 돌려 그들을 바라본다. 사람을 진심으로 감쌀 줄 아는 마음 하나가 간단하고 쉽게 함박웃음 같은 목단화를 피워 낸다.

닭은 작은 낌새에도 놀라기부터 한다. 놀랄 땐 볼품없는 발이 먼저 놀란다. 막 발자국을 떼려다가도 저 혼자 무슨 소리를 들었는지 발을 든 채로 발가락을 잔뜩 오그리고 딱 멈춘다. 그리곤 고개를 빼고 이리저리 살펴본 후에 안심이 되면 그때서야 오므렸던 발을 옮겨 놓는다.

지난 시절에는 닭 모가지는 발라 먹어도 닭발은 처음부터 잘라서 버렸다. 오종종한 닭발이 김훈의 에세이집 《바다의 기별》에 나온다. "시장 안에는 생닭을 파는 가게가 있다……. 대가리와 다리는 따로 모아서 파는데, 정해진 값이 없는지 일천 원을 내면 주인은 개수를 세지 않고 한 움큼씩 집어 준다."

닭발은 먹을 것이 없다. 발라 먹을 살이 없는 닭발 한 접시는 이 집에서 오랜 시간 앉아 있을 수 있는 소중한 자릿값이 된다. 서로가 닭발 같은 납작한 지갑을 들고 사는 얼굴을 마주보며 마음을 전하고 싶어 끝없이 얘기를 한다. 술과 안주도 아껴 먹어 가며 정을 나누어 가지는 따스함이 추적거리는 비의 서늘한 기운을 걷어내며 꿉꿉한 나에게도 번져 온다.

지금 이 집에선 나만 닭발을 발라 먹고 있다. 발바닥에 붙어 있는 단 한 점의 살을 뜯어먹는다. 먹다가 가만히 보니 굳은살이다. 온 생을 잠시도 쉬지 않고 모이를 찾아 헤매다 생긴 닭의 굳은살인 것이다.

우리네 마음에도 얼마나 많은 삶의 굳은살이 박여 오던가. 왜 사는지 생각해 볼 겨를도 없이 허겁지겁 살아가는 우리에겐 지난한 삶의 모서리에서 받은 상처들이 켜켜이 굳은살로 옹이진다. 아무도 좋아하지 않는 굳은살은 제물에 저 혼자 주눅이 들어 엉겨서 아픔조차 느낄 줄 모른다.

소주 한 잔도 아깝게 마시는 사람들 생의 굳은살은 더한 무게로 매달려 있을 것 같다. 비 내리는 이 밤 얇은 지갑 속에서 꺼낸 닭발 값을 들고 어두워지면 새들이 숲으로 날아가듯 이곳에 모여들었을 것이다. 살아가는 날들이 녹록하지 않아 눈물을 닮은 한 잔의 소주로 서로의 굳은살로 흘려 보내며 옹색한 플라스틱 의자에서 일어설 줄 모른다. 한 접시의 닭발을 놓고 아끼며 먹는 사람들은 서로 야윈 어깨를 토닥일 줄 안다. 따뜻이 손 내미는 마음이 한 송이 목단화도 소담스레 피워 낸다.

살점이라곤 오직 굳은살 한 점밖에 없는 곤고한 닭발은 낮은 세상으로만 제 생을 건너왔다. 그 끝에서 보람같이 눈부시게 피어난 목단화도 만나고 우리 삶의 더께 진 굳은살에 애틋한 위안도 준다.

활짝 웃고 있는 목단화 위로 닭발 익는 냄새가 맛있게 흘러간다.

붕어빵철학

주방용 고무장갑을 사기 위해 집 앞의 마트에 간다. 추적추적 내리는 비가 세상을 적신다. 마트 모퉁이에 바짝 붙은 붕어빵 수레에 불이 켜져 있다. 항상 일정한 퇴근 시간을 지키는 아줌마가 아직 마치는 시간이 아닌가 보다. 붕어빵 수레는 예전의 버스 정류장 근처에 있던 담배 점포보다 작은 몸집이다. 투명 비닐을 두른 좁은 공간에서 아줌마는 열심히 빵틀을 뒤집고, 학생 두엇이 우산을 쓰고 기다린다.

예나 지금이나 붕어빵 가게의 풍경은 애잔하다. 사람의 발길이 많을수록 좋을 붕어빵 수레는 그런 만큼 눈에 띄지 않아야 한다는 듯 시장길 모퉁이나 거리의 담벼락에 조그맣게 붙어 있다. 길가의 가로수 한 그루에 기대어 나뭇잎들을 의지 삼아 조용히 머물기도 한다.

퍽 오래전 '붕어빵철학'을 가르쳐 준 아저씨가 있었다. 말없이 십 환을 내밀며 매일이다시피 붕어빵을 사먹으러 가는 초등학교 일학년인 나를 아저씨는 얌전이라고 불렀다. 커다랗게 원형으로 연이은 빵틀에서 똑같이 구워진 붕어 모양의 빵이 톡톡 나오는 모습이 재미있었다. 연한 갈색으로 먹음직하게 구워져 나오는 바삭한 식감이 내 마음을 사로잡았던 것 같다. 붕어빵 속의 달콤한 팥소가 맛있어서 더 끌렸던 건지도 모른다.

어느 날 어머니는 나를 데리고 국제 시장을 다녀오던 길에 내 손에 이끌려 붕어빵틀 앞에서 아저씨와 인사를 나누었다. 변변찮게 길에서 붕어빵을 굽지만 한 달 수입이 회사의 과장 월급보다 낫다고 지나가는 말로 하다 그는 느닷없이 차분한 눈길이 되어 잠시 내 눈을 들여다보았다. 그런 뒤 말했다. "얌전아, 붕어빵엔 붕어빵철학이 들어 있어야 한다."

붕어빵이 빨리 구워지길 고대하며 서 있는 나에게 아저씨는 빵틀에 밀가루 반죽을 붓고 팥소를 머리 부분부터 꼬리까지 꽉 차게 넣는 걸 보여 주었다. "사람들은 팥이 든 붕어빵을 생각하며 붕어빵을 사 먹지. 붕어빵이 유일하게 가진 건 팥이거든. 팥이 몸통에만 있는 건 붕어빵철학이 들어 있지 않은 거지." 나는 고개를 크게 끄덕이며 아저씨의 철학에 깊이 감동했다. 철학이 뭔지 몰랐지만 붕어빵을 베어 물면 팥소가 머리부터 꼬리까지 빠짐없이 혀에 감길 때마다 내가 행복한 것은 붕어빵철학 때문이었구나, 생각했다.

1957년 그때는 길가에서 붕어빵을 구워 파는 아저씨들이 대부분 나이가 지긋하고 모습이 추레했다. 요즘처럼 비닐 가림막은 상상 속에서도 볼 수 없었다. 전쟁 후 생활이 곤궁했던 사람들은 챙모자 하나 없이 맨바닥에서 온종일 따가운 햇볕과 거센 바람을 견뎠다.

붕어빵철학자인 그는 서른 갓 넘어 보이는 눈에 띄는 청년이었다. 어린 내 눈에도 아저씨는 대학교도 다녔을 것 같고 준수한 외모에 유난히 옷차림도 단정해 보였다. 늘 안정된 표정인 아저씨의 붕어빵엔 팥소가 가득 들어 있어 찾는 손님이 많았다. 길가의 난전에서 땡볕과 추위를 고스란히 감당했지만 가겟세와 세금을 내지 않는 대신에 팥소를 듬뿍 넣은 맛있는 붕어빵을 고객에게 돌려주었던 셈이다.

나도 말이 없지만 서 있는 나를 보며 한 번 빙긋 웃기만 할 뿐

말이 없긴 마찬가지인 아저씨가 그날 어머니와는 길게 얘기를 나누었다. 길에서 먼지를 마시고 뙤약볕에 허덕여야 하고 보잘것없어 보이지만 상사에게 굽실대지 않아도 되고 매인 몸이 아니므로 눈치 보지 않고 자유로워서 편하다는 내용의 말인 듯했다.

열심히 돈을 모아 국제 시장에서 철물 공구 가게를 차릴 계획이라고 속내도 드러내었다. 한국 전쟁 후 폐허가 된 땅에서 건설 붐이 일어날 것이고 각종 철물 부품이 날개 돋친 듯 팔릴 거라는 걸 내다 보았던 것 같다. 어쩌면 가난한 집안의 장남으로 태어나서 가정 교사 아르바이트를 하며 고학으로 대학을 마쳤을 법한 아저씨는 자신의 앞날을 이미 계획하고 있었다.

오랜 세월이 흘러왔지만 붕어빵은 사라지지 않았다. 제 안에 아름다운 철학이 간직되어서일까. 언제나 애처로운 공간에서 구워지는 만만한 붕어빵 같지만 무심한 세월의 저편으로 사라지지 않고, 묵묵히 세상을 헤엄쳐 건너온 빗속의 붕어빵이 오늘따라 더욱 반갑다. 어른은 추억의 맛으로 먹고 아이들은 그 옛날의 나처럼 방금 구워져 나온 따뜻하고 바삭한 식감을 좋아해서 먹는 것이 아닐까 싶다. 즉석에서 따끈하게 구워진 애플파이의 인기가 한창이던 때가 있었지만 얼마 지나지 않아 시들해지던 것에 비하면 '붕어빵철학의 힘'이 신기할 따름이다.

붕어빵 이야기를 일곱 살짜리였던 내가 잊지 못하리라는 것을 그는 알았을까. 붕어빵틀의 밀가루 반죽에 팥소가 떠밀려 들어갈 때 팥소는 매몰되는 것이 아님을 그가 일깨웠다는 걸 철이 들고 알았다. 보이지 않는 곳의 팥소 가치를 온전히 표현해서 한 개의 붕어빵을 옹글게 완성시킨 것처럼 드러나지 않는 부분도 성심을 다할 때 삶의 가치는 달라진다. 붕어빵 아저씨는 묻히고 가려지는 것에 대한 소중한 가치를 일깨우고 싶었던 것일까. 쉽게 보이지 않는 내면의 세계일수록 강인한 빛을 가졌다는 것을 말하고 싶었던 것 같다.

  길 위의 붕어빵 장수로 파묻혀 있었지만 그는 자신의 푸른 내면을 내게도 나누어 주었다.

괜찮아

어릴 적 뛰어가다 넘어지면 곧장 "괜찮아, 괜찮다~." 하는 어머니의 부드럽고 밝은 음성이 들려왔다. 나는 까진 무릎을 들여다보며 울음을 터뜨리려다 꿀꺽 삼키고 흙 묻은 손을 털곤 했다. 어머니가 보내 주던 어린 날의 괜찮아는 내게 노래의 후렴구처럼 따라다녔다. 거기에 세상을 담아내는 단단한 힘이 들어있음을 세월이 흐른 후에야 알았다. 어머니는 세상살이에서 엎어지더라도 울고만 있지 말라고 '후렴구'를 때마다 들려주었던 것 같다.

어머니가 해주던 응원을 건네고 싶은 사내를 보았다. 사내는 첫눈에 띈다. 가로수 보호단의 가장자리에 걸터앉아 얼근히 취해 있다. 사람들이 많이 붐비는 번화가의 가로수 밑에서 소주병을 앞에 놓고 앉은 남자가 한눈에 들어온다. 평일도 아닌 연휴가 시작된 추석 전날이다. 명절 기분에 들뜬 사람들로 번잡한 도심의 한낮 길거리에서 유독 홀로인 채로 술을 마시며 취한 남자가 생경스럽다. 그에게 자꾸 눈길이 간다.

골격이 크고 살이 많이 붙은 예순쯤의 사내는 뜨거운 햇볕을 고스란히 맞받으며 허물어지듯이 앉아 있다. 따갑게 쏟아지는 햇빛 속에 자신을 내팽개친 것 같다. 세상이 그를 두고 저만치 가 버린 듯하다. 그 무엇과도 관련이 없는 표정이 저런 얼굴이지 싶다. 제 곁에서 떠나가는 것들을 잡아보려고 애쓴 적이 언제였던가 싶을 만큼 아득한 낯빛이다. 아무런 희망이 없어 보인다. 보는 사람조차 가슴이 철렁 내려앉는다. 굵고 두툼한 몸집의 사내한테선 진한 허무감만 흐른다.

남자는 오고가는 사람들을 권태롭게 바라본다. 하지만 나른한 눈빛 뒤엔 번창한 삶을 위한 세상의 많은 것을 얻고자 안간힘 썼던 흔적이 묻어난다. 투덕투덕 붙은 살집 속에 묻혀 있지만 강인한 턱선과 아직 무너지지 않고 강건함을 드러내는 어깨선이 그의 활발했던 시절을 전한다.

실례가 될까 봐 심상한 시선으로 눈치껏 바라보는 내 눈길을 놓치지 않는다. 본능적으로 반응하며 찰나같이 재빠르게 치뜨는 눈빛에서 활기차고 능숙했던 현실적 감각이 느껴진다. 그러나 그뿐, 그는 순식간에 공허 속에 잠겨버린다. 그에게 무슨 사연이 있는가. 남자는 자신의 희망을 얼마나 이루었을까.

거리를 둘러본다. 이곳은 대부분 일상에서 잠시 벗어나 휴식을 위해 찾아오는 남포동 거리의 BIFF 광장 앞이다. 친구나 가족과 영화를 보거나 좋아하는 음식을 먹고 차를 마시며 담소를 나누며 피로를 푼다. 쇼핑도 하고 산책을 하는 길이어서 사람들은 여유롭게 오고 간다. 희망은 이제 각자의 편안한 기대감으로 포장되어 습관의 얼굴로 묻혀 있다.

손수건을 가슴에 달고 초등학교에 입학하러 갔던 날 가졌던 막연한 기대감이 희망이었던가. 학년이 올라가면서, 이상을 가져야 훌륭한 사람이 되고 인생이 풍요로워진다고 어른들은 말했다. 희망이 삶에 큰 은혜나 베푸는 듯 우리는 세뇌를 당했다.

세상을 건너오며 그 많은 '희망차게', '희망찬' 것들에 열심히 다가갔다. 희망은 좀체 잡히지 않고 저만치 앞에서 알짱거린다는 걸

나이를 먹으면서 알게 되었다. 뜻한 대로 소원을 이룬 사람보다 그렇지 못한 사람이 훨씬 넘친다. 저마다 그 흔한 희망 하나쯤 갖고 있지 않을까만 이제는 굳이 내보이진 않는다.

그렇다고 해도 야망을 잃어버린 모습은 마음을 아프게 한다. 포부에 타성이 된 우리는 소망을 놓아버린 삶이 낙오된 생으로 전락될까 봐 불안 한 덩이씩 안고 있다. 번번이 희망한테 약이 올라도 그것 한 자락은 잡고 있어야 사람구실을 한다고 굳게 믿고 있는 터이다. 그 연유일 것이다. 꿈 한 조각도 없어 보이는 저 남자에게 마음이 쓰이는 것은.

희망은 항상 저만치 앞에서 거리를 둔 그 어디쯤에 있다. 쉽게 손이 닿지 않는다. 세상사에 닳고 닳은 뺀질이같이 빠져나간다. 빤히 이쪽을 보며 알랑거린다. 온 힘을 다해 좇아서 끊임없는 노력을 기울이게 한다. 간절히 품어 봐도 친밀하게 안겨 오는 적이 흔하지 않다. 저 하나 쳐다보고 끝없이 고단한 삶을 무릅쓰게 한다.

지극한 바람을 이루기 위해 발버둥치던 일들이 허사가 되어 나락으로 떨어져도 절망에 짓눌려서 일어서지 말란 법은 없다. 캄캄한 어둠 속에 등불처럼 다가오는 것이 있다. 괜찮아가 가만히 손을 내민다. 염원한 대로 되지 못한 허탈한 삶엔 괜찮아가 찾아온다. 지치고 쓸쓸해진 등을 괜찮아, 하며 따뜻이 다독여 준다. 실의에 빠져서 고개를 깊숙이 떨어뜨리고 괜찮아에 기댄다.

　희망은 인간에 대한 신의 테스트용 같다. 신이 있어 내려보낸다면 희망이 아니고 괜찮아일 것이다. 신의 손을 푸근하고 단단하게 잡고 있는 건 괜찮아 같다. 실패할 것이 두려워 마음껏 꿈도 꾸지 못하는 인생이라면 어느 누가 갖은 애를 쓰며 살고 싶을까. 괜찮아가 있기에 원대한 원을 한껏 맞아들인다. 희망도 괜찮아가 있어 허술한 인생들에게 희망을 가져! 하고 생색을 내며 하늘과 땅이 마르고 닳도록 건재할 수 있다.

　술에 취해서 덧없음에 젖은 남자에게 지금 절절한 건 괜찮아일 성싶다. 눈부신 희망보다 희미한 낮달 같은 괜찮아가 외려 절실해 보인다. 생판 낯선 사람인 내가 말을 건넨다면 그는 오히려 마뜩잖아 할지도 모른다. 괜찮다고, 힘내라고 열렬히 보내는 내 응원이 우주의 오묘한 힘으로 서럽게 앉아 있는 그에게 전해지면 좋겠다.

　낮달은 두껍고 끈끈한 어둠을 제압하고 암팡지게 반짝이는 별무리를 물러나게 하며 밤을 다스린 뒤 건너온 전령사다. 달빛 세상엔 햇빛이 자취 없이 숨어버리지만 뜨겁고 이글거리는 태양의 세계에서도 낮달은 제 모습을 지우지 않는다.

　낮달을 닮은 괜찮아가 있어 겁내지 않고 덥석덥석 희망을 들어앉히는 것이다. 우리는 꿈을 붙잡고 얼마나 많은 헛물을 들이켠 후에야

비로소 돌아온 탕아처럼 괜찮아를 돌아다본다. 괜찮아는 다 이해한다는 듯 늘 그 자리에서 이쪽으로 몸을 돌리고 있다. 시종여일하게 세상을 관조했을 것이다. 한결같이 온화한 빛깔이다.

    세상을 성찰해 간 길 끝에 괜찮아가 담담하게 있다.

연분홍 저고리에 차 향기 번지는 소리

　어머니가 창가에 앉아 계신다. 창밖에 봄바람이 분다. 살랑이며 들어온 바람결에 흰 머리칼 몇 올이 나부낀다. 헐렁한 꽃무늬 융 바지에 연노랑 스웨터 차림이다. 오른손은 오른쪽 다리에 놓인 채 창밖 풍경을 물끄러미 바라보신다. 어머니의 아득한 표정에 가슴이 무너진다.
　어머니는 잔잔한 무늬가 펼쳐진 감색이나 담담한 농색 치마에 질감이 다르고 색감이 조금씩 차이 나는 연분홍 저고리를 자주 입으셨다. 학교에서 하루를 보내고 집에 오면 반겨 주시는 어머니의 환한 미소와 함께 저고리의 분홍빛이 포근히 감싸주는 듯했다. 평상시 어머니는 말하시곤 했다. 가정주부는 집 안팎을 깨끗이 하고 몸가짐은 고운 색 매무새로 단정히 하여 집안에 밝은 빛이 돌도록 해야 한다고.

치맛자락 여며 끈으로 가볍게 동이고 저고리 소매 끝을 살짝 접은 어머니가 부엌에서 도마질을 하시는 모습은 언제나 보기 좋았다. 해가 설핏 기운 마루에 앉아 보송하게 마른 빨래를 개키시는 어머니를 볼 때마다 평화로움이 지금 막 세상에 태어난 듯 내게로 흘러왔다. 늘 아버지와 우리 형제를 뒷바라지해 주시는 어머니의 연분홍빛은 세상을 향해 나아가는 내 등을 부드럽고 따뜻이 받쳐 주었다.

미모이고 훤칠한 어머니는 슬기로우셨다. 동네 사람들은 어머니를 존중했다. 동네에 뜻밖의 이상한 일이 생기면 사람들은 어머니의 판단을 듣기 위해 찾아왔다. 남편이 바람이 나도 어머니에게 달려와 도움을 호소했다. 한밤중에 부부싸움의 현장에 불리어 가시곤 했다. 외간 여자에게 기를 쓰고 가려던 그 집의 남편은 어머니의 진솔하고 간곡한 말씀에 직수긋해지며 앞으로는 그런 일 없게 하겠다고 스스로 다짐을 했다.

어머니의 자식 사랑은 유별나셨다. 삼 남매 중의 나 또한 태어나는 순간부터 부모님의 사랑에 파묻혔다. 1951년 한국 전쟁 와중에 태어난 나를 어렵게 구한 향 좋은 비누로 씻기며 예쁜 옷만 입혀 키우셨다. 대학에 다닐 때며, 직장생활할 땐 품질 좋은 옷감을 구해 옷을 맞춰 주셨다.

내가 대학에 들어가자 어머니는 숙녀 대우를 해 주셨다. 1960년대 말 그 시절의 고급 소뿔 손잡이 우산을 사 주셨을 때 온전한 성인으로 인정받는 표식을 받아든 것 같아 가슴이 벅차올랐다. 살림을 규모 있게 이끌어 알뜰하고 엄격한 면이 있는 어머니가 사 주신 것이어서 나는 더욱 깊이 감동되었다.

그즈음 광복동에 카페라고 시크하게 단 두 글자만 써서 조그맣게 간판을 붙인 카페가 처음 생겼다. 가보고 싶었지만 학생들이 가기엔 비싼 곳이었다. 어느 날 어머니는 넌지시 그곳에 가자시며 나와 함께 나섰다. 그때는 부모가 자식과 나란히 그런 데를 가는 일은 흔하지 않은 문화였다.

그날을 잊을 수 없다. 세미클래식과 팝송이 나지막하게 흐르는 카페에서 어머니와 식사를 하고 맛있는 커피를 마셨다. 아담하고 세련된 공간에서 품위가 배어나는 어머니가 자랑스러워 우쭐해지기까지 했다. 음악을 들으며 다정하게 마주앉아 온갖 얘기를 나누고 커피

향을 즐긴 추억은 또 하나 잊을 수 없는 시간이다.

　남아 선호 사상이 굳건하던 그때 딸자식을 아들과 편애 없이 온 정성으로 키우는 것만으로도 최고의 어머니이던 시대에서 어떻게 그토록 세세한 데까지 보살펴 주셨을까 싶다. 나이를 먹으며 세월을 지나올수록 어머니께 감사하는 마음이 끝 간 데가 없다.

　그 어머니가 봄이 오는 창가에 앉아 계셨다. 쉰넷밖에 안 된 몸의 반이 마비된 채로. 염색을 못한 머리오리 몇 가닥이 불어오는 실바람에 하얗게 흔들렸다. 일요일이어서 내가 안방 청소를 했다. 봄바람이 부드럽기에 창가에 의자를 놓고 어머니를 앉으시게 했다.

　세상의 꽃들과 떠오르는 아침 해의 광휘를 좋아하며 유쾌한 유머와 웃음으로 집안을 채우시던 어머니였다. 뇌졸중은 보는 사람의 마음을 편안하게 하는 어머니의 밝은 표정을 얼굴에서 지워 나갔다. 때때로 무슨 생각을 하시는지 짐작할 수 없이 무덤덤하게 바깥 풍경을 내다보는 모습에 가슴이 미어졌다.

　그 봄이 오기 전 겨울, 세차게 몰아치는 바람 소리에 언뜻 잠이 깼는데 집 안은 고요하고 밤중이었다. 밖에서 불어대는, 세상을 깡그리 휩쓸어 갈 것 같은 세찬 바람 소리가 불안했다. 무섭게 휘몰아치는 바람이 문득 어머니를 데려갈 것만 같아 견딜 수 없었다.

　마루를 지나 살금살금 안방으로 갔다. 뇌졸중 환자는 대단히 예민하다. 어머니 잠을 깨울까 봐 죽을힘을 다해 소리 내지 않고 방문의 손잡이를 돌려 납작 엎드려서 기어들어 갔다. 어머니는 아버지와 나란히 잠들어 계셨다. 잠드신 고른 숨결과 얼굴이 편안해 보여서 얼마나 안심이 되고 좋던지…….

바깥의 바람 소리가 어찌나 날카롭고 거세어서 어머니 곁을 지키고 싶었다. 잠이 깨지 않게 숨을 삼키며 앉아 있었다. 제발 우리 곁에 오래오래 계시게 해 달라고 하늘에 기도했다. 어느 순간 어머니가 눈을 뜨셨다. 엄마와 자식 사이는 탯줄의 오묘한 힘으로 연결되어 있는가. 한밤중 어둠 속에 난데없이 앉아 있는 나를 보고도 놀라시지 않았다. 맑은 눈으로 조용히 "영주가!" 하셨다. "예." "와?" "그냥요…….' 엄마가 걱정되어서요, 말은 삼켰다. "가서 자라, 출근해야지." 나는 어머니 옆에 있고 싶어 "밖에 바람이 많이 불어서요." 대답했다.

"나는 괜찮다. 어서 자거라." 너의 마음을 다 안다는 듯 왼손을 이불 속에서 내어 내 손을 따뜻이 잡으셨다. 나도 어머니의 손을 두 손으로 감싸 쥐었다. 그 몸으로도 어머니는 자식 걱정부터 하셨다. 그날 어머니는 더욱 또렷하고 차분하셨으며 조금도 환자 같지 않았다. 그렇게 우리 곁에 계셔 줄 줄 알았다.

평상시 어머니의 의식 속엔 자식 생각이 가장 크게 자리했던가 보았다. 우리 삼 남매를 대할 때는 표정에 훨씬 생기가 돌며 웃음을 띠셨다. 병환이 나기 전 어머니는 딸자식이 아까워서 중매가 들어와도 나를 선뜻 맞선 자리에 내보내려 하지 않으시던 터였다. 어머니가 쓰러지시자 어머니의 친구 분들은 나의 결혼을 서둘렀다. 당신의 현재 처지를 인지하고 계셨던가. 친구가 중매를 들기 위해 찾아오면 어머니는 성한 왼손으로 옆머리를 매만져 귀 뒤로 넘기며 그 어느 때보다 눈을 초롱초롱하게 뜨고 앉으셨다.

그토록 병환이 중한 상태의 몸으로 어디에서 그런 정신력이 나왔을까. 오직 자식의 일이어서 정신이 집중되시는 듯했다. 딸자식의 결혼을 위해 찾아온 친구가 무척이나 고맙고 귀한 손님으로 여겨지시는 것 같았다. 바짝 긴장을 하셨다. 아주 오래된 분들은 알아보며 기억했지만 쓰러지기 직전까지 그토록 친하게 지내던 많은 친구들을 하얗게 몰라보셨다. 음성을 유난히 또렷이 하여 친구에게 머리를 조아리며 "고맙습니다!" 하고 깍듯이 인사하시는 어머니 모습에 억장이 무너지던 슬픔을 표현할 말을 나는 찾지 못한다.

오월 어머니 생신에 안개꽃 속의 붉은 장미를 한 아름 안겨 드렸더니 언제나처럼 너무도 기뻐하며 장미 다발에 얼굴을 묻고 향기에 담뿍 취하셨다. 오월이 다 가기 전에 어머니는 조용히 가셨다. 뇌졸중인 채로 우리 곁에 여덟 달을 계셨다.

화가들은 그림에다 평화와 아름다움의 상징으로 분홍색을 썼다. 색채 심리학으로 보면 분홍색은 행복이라고 한다. 영화 〈마이 페어 레이디〉의 오드리 햅번이 분한 일라이자 토리틀은 히긴스 교수의 교육에 의해 우아하고 세련된 여인으로 탈바꿈한다. 처음으로 의상 담당자의 도움을 받지 않고 스스로 골라 입은 옷이 분홍색 드레스다.

진하지 않은 분홍색을 입은 오드리 햅번은 따스함이 비쳐 나오는 눈부시게 아름다운 여인이었다. 사랑하는 히긴스 교수를 찾아가기 위해 선택한 옷이다. 여인이 지극히 사랑하는 대상을 대할 때는 분홍색을 입는 것인가. 아련하도록 고운 어머니 연분홍 저고리가 오드리 햅번의 드레스 색과 똑같았다.

어머니의 장례식장에서 자꾸 흐르는 눈물을 닦고 있는 나를 어른들이 안타까워했다. "저 큰딸을 어쩔꼬!" 열다섯 살짜리 남동생보다 스물여섯이나 된 나를 왜 걱정을 할까? 의아했다. "엄마 정을 한창 알 나인데……." "이 큰딸을 장차 어쩌노? 평생 애가 타게 엄마가 그리블낀데…… 아이고!……." 친척들과 어머니 친구 분들이며 동네 분들이 모두 나를 염려했다. 나는 그때 미처 몰랐다. 그분들이 어린 남동생을 두고 나를 더욱 안쓰러워하던 의미를.

어머니는 내가 초등학교 일학년이던 일곱 살 적부터 영화를 보여 주셨다. 극장에 갈 때마다 나를 데리고 가시고 친구와도 많이 보게 했다. 그 덕분으로 중학교 이학년쯤엔 영화를 무턱대고 보지 않고 좋은 영화를 선별해서 보는 안목이 나도 모르게 형성되어 있었다. 성인이 되어 어머니와 종종 나들이를 해서 영화 보고 냉면을 먹은 뒤 국제 시장에서 쇼핑도 하노라면 참 행복했다.

    어머니와 함께한 행복한 많은 시간들은 내게 지극한 기쁨으로 채워졌다. 아름답고 정성스럽게 차오른 기쁨은 삶에 대한 자신감으로 동화되어 갔다. 어머니의 끝이 보이지 않는 헌신적인 희생은 아버지와 우리 삼남매 생의 높이와 부피를 키워 주셨다.

    토요일이면 어머니와 커피를 마시며 새벽까지 담소를 하고 놀았다. 어머니 연분홍 저고리에 스미는 차 향기는 어머니와 나의 커피 향에 싸인 한없는 사랑의 내음이다. 차 향기에 번져드는 소리는 어머니가 사무치게 그리워 소리 죽여 우는 내 붉은 울음이다.

현미밥

백장미 티네케, 탐스런 작약 같은 코사이, 창백하고 우아한 연한 보랏빛 프린세스 드 모나코, 진한 향기의 핑크피스 등 장미꽃들이 향기를 뿜고 있다. 장미 정원에서 아름다운 향기에 취한다. 은근하고 짙은 장미 향기가 사랑스러워 혼절할 것 같다.

까르르 여인이 웃는다. 어디선가 부부 한 쌍이 나타나 장미 구경을 한다. 부부의 출현으로 혼자 즐기던 유월 한낮의 햇살과 고요히 향기가 흐르는 평화로움은 날아오른 나비 날갯짓 따라 가 버렸다. 그래도 방해 받은 기분은 아니다. 쉰 후반대의 부부가 정답게 꽃구경 나온 모습이 보기 좋다.

부인은 사르르 흘러내리는 질감의 크림색 긴 블라우스로 멋을 내고 있지만 날렵한 맵시는 찾아보기 어렵다. 자식을 낳고 키우며 삶에 부대끼느라 슬금슬금 올라붙는 군살을 제지할 겨를도 없었을 것이다. 대신 생에 대한 나름의 자신감과 연륜으로 깨달은 삶의 관록이 과한 데 없이 배어난다. "여보, 이런 꽃도 있다." 부인이 즐겁게 고조된 목소리로 색깔과 모양이 다른 장미들 속에 설 때마다 남편은 부지런히 휴대 전화를 내밀어 사진을 찍어 준다.

그날 남편은 전화기에다 대고 통곡했다. 내가 극심한 피로감이 계속되는 건강에 이상 징후를 느껴 예약한 검사를 받던 날 긴요한 볼일로 타 도시에 가야 했던 남편은 병원에 동행하지 못했다. 나는 만성 사구체 신장염 진단을 받고 오후에 아들에게 해 먹일 반찬거리 장을 봐서 차를 몰아 서울로 갔다. 매달 일주일씩 아들에게 가서 밥을 해 주던 터였다.

볼일을 마친 남편이 밤에 전화를 했다. 신장 속의 사구체가 파괴되어 소변을 걸러 내지 못하는 병이고, 사구체는 재생이 안 되므로 고칠 수 없는 병이며, 혈액 투석 시기를 최대한 미루기 위한 치료밖에 없어, 때가 되면 혈액 투석을 받아야 한다더라고 검사 결과를 전했다.

내 말이 끝나기도 전에 남편이 통곡을 터뜨렸다. 억장이 무너진 대성통곡으로 우는 남편이 너무도 가슴 아팠다. 하도 울어서 나는 외려 울 수가 없었다. 울먹임을 잔뜩 머금고 남편의 울음소리를 들을 수밖에 없었다. 남편은 내가 숨을 거두고 있기라도 하듯이 오랫동안 목놓아 울었다. 시간이 얼마나 흘렀을까. 남편이 울음 섞인 음성으로 말했다. "너 성격대로, 병도 표시 안 나게 조용히 아프노. 세상을 다 뒤져서라도 꼭 낫게 해 줄게." 못 고치는 병이라는 걸 알고 있음에도 마음이 따스해져 왔다.

울음이 가득한 채로 남편이 또 말했다. "울산 오는 날, 현미밥 해 놓을게." 무슨 말을 하고 있나 싶었다. 내가 집에 없을 때는 식당을 찾아 끼니를 해결하는 남편이 현미밥을 왜? 하는 생각이 들었지만 너무도 진지해서 나는 알았다고 했다.

남편과 시댁 식구들은 모두 건강해서 환자를 대하는 상식을 잘 모르는 편이다. 그런 그에게 떠오른 생각이 우선 세간에서 건강에 좋다고들 하는 현미밥이었던 것 같다. 아들에게 있다 집에 왔을 때 남편은 정말 현미밥을 해 놓고 있었다. 평상시에도 잡곡밥을 좋아하지 않는 남편이 쌀 한 톨 섞지 않고 몽땅 현미로만 지은 먹기 힘든

밥이 밥솥에 그득했다. 현미밥은 현미만으로 짓는다고 생각한 것 같았다. 전기밥솥 설명서를 읽고 지었다는 현미밥은 푸슬푸슬한 채로 내 앞에 놓여졌다.

눈물이 핑 돌았다. 고칠 수 없는 병이라는 의사의 설명을 듣고도 멍해질 뿐 눈물은 나지 않더니 현미밥 앞에서 눈물이 솟았다. 남편이 마음을 다해 지은 밥이었다. 울적하게 혼자 현미를 사다 울먹이며 씻어서 밥솥에 안쳤는지도 모른다. 밥을 떠서 입에 넣으니 꺼끌꺼끌하고 잘 씹어지지 않았다. 먹기가 어려웠지만 밥을 오래 씹었다. 나중에 알고 보니 현미밥은 신장병 환자가 먹으면 안 되는 음식으로 분류되어 있었다.

남편의 현미밥과 통곡이 하늘에 닿았던가. 어느 용한 분이 만들어 준 음식(약)을 먹고 신장병 증세가 많이 회복되었다. 환자가 아닌 것 같이 살고 있다. 발병한 지 십 년이 넘었지만 혈액 투석과는 거리가 멀게 산다. 남편의 현미밥 정성이었던 것 같다.

저 부부도 그들만의 현미밥으로 가정을 꾸려왔을 것이다. 부부는 뜬금없고 생뚱맞은 현미밥으로도 서로 소통을 한다. 누구도 알 수 없는 둘에서 같이해 온 시간의 힘일 것이다. 저 부인은 오늘 남편 앞에서 장미 향기 속의 소녀가 되었다. 남편이 아니면 어느 남자가 그녀를 살뜰히 소녀로 만들어 줄까. 저 남자는 앵글을 맞추다 젊은 날의 예쁜 자태가 마모된 아내 모습에 짠한 마음이 지나가기도 하리라.

김사인의 시 〈부뚜막에 쪼그려 수제비 뜨는 나어린 처녀의 외간 남자가 되어〉가 슬며시 지나간다. "나어린 처녀의 외간 남자가 되어…… 굴속처럼 어두운 토방에 팔 괴고 누워/ 나 부연 들창 틈서리 푸설거리는 마른 눈이나 내다보겠네…….” 거기에다 안도현 시인은 "사내라면 이 아름다운 퇴폐와 무능력의 유혹을 한번쯤 꿈꿔 봐야 하지 않을까" 하고 부추기고 있다. 남자가 처자식을 갖고 가정을 이룬 책임감에 얼마나 어깨가 짓눌리면 이런 시를 썼을까. 그런 짐을 잔뜩 지고 저 부인의 남편도 온 힘을 다해 세상을 헤쳐 왔으리라.

그 엉뚱하고 느닷없는 현미밥은 남편이 홀로 최선을 다해 일구어 낸 힘일 것이다. 엉뚱하고 느닷없는 힘으로도 아내의 인생을 챙겨 주고 자식도 돌보고 주변도 돌아보았다. 돌아다보면 남편의 현미밥 힘은 긴 세월의 우리 가정 곳곳에 스며 있다. 돌풍 앞의 바람막이가 되어 주고 가파른 비탈에서 황소 같은 비빌 언덕으로 버텨 주었다. 어쩌면 남편도 나 어린 처녀의 외간 남자가 되어 버리고 싶은 적이 있었는지도 모르겠다. 하지만 묵묵히 우리 둥지를 지켜 온 그를 나는 안다.

요즘은 남편이 싫어하지 않을 만큼 잡곡을 조금씩 섞어 밥을 한다. 남편에 대한 나의 현미밥이다. 알뜰하게 차린 식탁이 남편에게 매일 콩 포기의 돋운 북이 되었으면 한다. 향기로운 핑크피스를 닮으려 애쓴 마음도 밥상에 얹어 본다.

부인의 남편이 남은 나날을 함께할 아내를 정지 동작한 채 찍는다. 소녀가 된 부인이 활짝 웃는다. 아내와 남편 사이에 포착된 웃음이 살아갈 날들의 동반을 약속한다. 찍어 두고 싶은 아름다운 장면이다.

연필

연필은 조용한 뒷길에서 출발한다. 연필이 가는 길엔 노을 등진 바람이 불어간다. 연필을 쥐는 손길은 서두름이 없다. 담담하고 한갓지다. 몽당연필이 된 뒤엔 외려 당당해진다. 닳아져서 형상을 잃고도 노력의 양을 옹골지게 드러낸다.

패션 디자이너 공부를 하는 연습생이 디자인 데생을 할 때는 연필로 한다. 먼저 인체의 체형을 그려 놓고 그 위에다 옷을 스케치

한 뒤 옷에 가려져야 할 부분은 지우개로 지워 묘사를 입체화시킨다. 연필은 지워진 뒤 사라진 모습으로 연필의 노래를 불러 낸다.

초등학교 시절 연필과 종이만 가지고도 더없이 행복하던 때가 있었다. 도화지를 잘게 잘라 묶어서 연필로 만화를 그렸다. 점심시간에 도시락을 재빨리 까먹고 만화를 그리고 있으면 우리 반 친구들은 내가 그린 만화를 보겠다고 줄을 서곤 했다. 그때는 이범기, 김종래처럼 한평생 만화를 그리며 살고 싶었다. 내게 연필과 더 가까이 지냈던 추억이 있어 소중하다.

아버지는 연필을 참 예쁘게 깎으셨다. 육각형이든 원형 연필이든 W형으로 모서리 각도가 일정했다. 깎은 면에 나무의 결과 질감이 살아 있고 완만한 경사를 이루고 있어 편안해 보였다. 심도 뾰족하거나 굵지 않게 부드럽고 적당했다. 필통 속을 들여다보고 있노라면 사랑스럽게 가지런하던 연필들이 지금도 눈에 선하다.

우리 집안의 제왕같이 군림하셨지만 아버지는 내가 초등학교 입학부터 학교생활 내내 연필을 깎아 주셨다. 지금 생각해 보면 날마다 빠짐없이 어떻게 그렇게 하실 수 있었을까 싶다. 언제나처럼 반듯한 자세로 방석에 앉아 상채를 약간 기울이고 연필을 깎으시는 모습이 참 보기 좋았다. 어딘지 모르게 어렵던 아버지가 그런 순간엔 훨씬 친근하게 느껴졌다.

아버지는 내게 공부하라고 따로 말씀은 않으셨지만, 저녁 식사를 마치고 내 연필들을 깎기 시작하시면 나는 왠지 그렇게 해야 할 것 같아서 공부를 하기 시작했다. 한편으론 내가 연필을 많이 닳으며 만화를 그리느라 공부를 소홀히 하는 것을 알고 계셨을 텐데도 한 번도 나무라지 않으시는 것에 대해 감사했다. 아버지 생각이 날 때면 늘 연필 냄새가 배어난다. 그래서일까. 책을 읽다 치는 밑줄은 꼭 연필로 긋는다.

모두들 워드로 집필을 하고 연필보다 매끈하게 잘 써지는 만년필과 볼펜이 지천인 이 시대에 소설가 김훈은 몇 백 장이나 되는 장편소설들을 오직 연필로 쓰고 있다. "연필을 좋아하고 연필은 순하게 느껴진다."는 그는 "연필로 쓸 때만 느끼는 감정이 있기 때문"이라고 한다.

그의 연필들은 지독히 못나게 깎여 있었다. 집필 도중에 바쁘게 깎아서 그런 것이리라. 그토록 마음을 파고드는 저릿한 문장과 방대한 양의 글이 참 못생긴 몽당연필에서 나오고 있었다. 그의 사유와 내내 함께했을 꾀죄죄한 몽당연필에 한없이 정감이 갔다.

발명왕 에디슨은 연필을 거의 손가락에 끼우고 살다시피 했다. 몽당연필을 좋아해 천 자루씩 주문해서 썼다고 한다. 비싼 유화 물감을 살 수 없었던 고흐는 적은 돈으로 살 수 있는 연필과 종이가 있음

연필 107

에 얼마나 좋아했는지 모른다.

처음 볼펜이 쏟아져 나오자 이제 연필의 시대는 끝났다고 단언하는 사람들도 있었다. 연필로선 어느 날 갑자기 사형 판결 구형을 듣는 기분이었으리라.

연필은 사라지지 않았다. 홀로 저문 길을 걸으며 불던 휘파람 같은 기억으로 지워질 수가 없었다. 사람들의 깊은 감수성이 뭉클한 채로 연필을 데려왔다.

부모님과 올리브 농사를 짓던 이탈리아 청년은 어느 날 문득 연필로 그림을 그리는 취미 생활을 시작했다. 한 번도 그림 공부를 해 본 적 없는 그는 세계 각국의 전시회 요청이 끊이지 않을 만큼 대단한 주목을 받는 화가가 되었다. 연필로만 그린 그의 그림은 흑백사진 같았다. 그는 어릴 때부터 사용했던 연필의 사용 방법을 잘 알고 있어 연필이 가장 쉬운 도구였다고 한다. 편하게 손에 쥘 수 있어 일상에서 얻는 안식의 시간이 되었으리라. 삶의 무료함 속으로 연필의 세계가 눈부시게 펼쳐졌다.

요즘 사람들은 빠른 속도로 나아가는 최첨단 디지털 시대에 편승하느라 지친 심신을, 느리고 불편하다고 외면했던 아날로그 감수성에 의지해서 회복을 한다. 연필의 냄새를 그리워해서 연필 향수가 나와 있다. 연필이 내는 정답고 편안한 사각사각 소리를 컴퓨터로 들으면서 깊은 숙면에 빠진다고 한다.

우리 집 부엌의 냉장고에 붙어 있는 다용도 꽂이에는 메모지와 연필이 들어 있다. 언제 한 번 쓰게 될지 몰라서, 오래 두면 잉크가 마르기도 하는 볼펜보다 시간이 많이 흘러간 뒤에도 변함없이 손길을 내미는 연필이 꽂혀 있다. 왜소한 몸으로 한결같이 겉과 속을 동시에 보여주는 올곧고 정직한 모습이다. 잊힌 듯해서 돌아보면 언제나 그 자리에 있다. 나의 외출 중 시간에 귀가 할 남편에게 반찬을 꼭 세 가지 이상 꺼내서 식사하라는 나름의 따뜻한 말 한 마디, 연필로 적어 냉장고에 붙인다.

일곱 살 적 천진난만하게 세상을 향해 배움의 첫발을 내디디며 손에 쥐었던 것이 연필이어서 그것의 향수가 진한지 모른다. 받아쓰기 한 공책에 동그라미 다섯 개 받으면 세상이 다 제 것이 되는 줄 믿었던 환한 시절에 꼭 쥐었던 것이어서 더한 그리움의 대상일지도…….

이 시대 최첨단 디지털기기의 최초 스케치도 연필로 한다.

쌓이는 세월 위로

 막걸리 다섯 잔이 빙 둘러 놓였다. 가운데는 안주로 두부김치와 과자 봉지가 펼쳐 있다. 이제 곧 여든 고개를 넘을 갈색 모자를 쓴 분과 여든 초반의 푸른색 트레이닝복을 입은 분, 빨강 셔츠를 입은 분과 슈퍼의 주인 할매와 둘러앉았다. 미소가 번진 표정들이 흐뭇해 보인다.
 울산 외곽의 산중턱쯤에 전원주택을 마련한 친구의 초대를 받고 차를 몰고 올라가다 시멘트를 바른 시골길 삼거리에서 길을 물었다. 슈퍼라기엔 너무 작은 구멍가게가 삼거리 한복판 지점에 문을 열어 놓고 있었다. 가게 앞에 세 노인이 햇살을 받으며 서 있다 자상하게 가르쳐 주었다.

해가 기웃해져 친구네에서 내려오다 삼거리에 다다르자 오전의 할배 세 분이 또 슈퍼 앞에 있었다. 왜 그랬는지 나도 잘 모르겠다. 순간 차를 세우고 내려서 오늘 길 가리킴을 잘 받았으니 약주 한 잔 대접하겠다고 청을 드렸다. 나로선 낯선 분들에게 생전 처음 권해 보는 일이어서 쑥스러움을 무릅쓴 채였다. 그럴 것 없다고 괜찮다며 사양을 하다가 할배들은 허허 웃으며 슈퍼로 들어섰다.

막걸리 안주를 과자로만 하기에는 부족하다 싶어 주인 할매에게 두부김치가 되느냐고 물었는데 트레이닝복 할배가 얼른 일어섰다. 김치를 자기 집에서 가져올 테니 두부값만 받으라고 슈퍼 할매에게 이르고 가게 문을 나섰다. 말릴 새도 없었다. 할매가 끓는 물에 두부를 데쳐 썰어 접시에 담고 트레이닝복 할배가 가져온 김치를 두부 옆에 놓아 두부김치가 되었다. 덕분에 만 원하는 두부김치를 오천 원으로 지불하게 되었다. 돈의 가치가 삼거리의 이곳보다 더 높은 데가 있을까.

트레이닝복 할배는 단돈 오천 원도 소중히 보듬어서 내게로 보내

준다. 세 분 할배와 슈퍼 할매 모두 오천 원을 덜 쓰게 된 나를 바라보며 자신들의 일처럼 흡족하게 웃는다. 이 분들은 돈도 사람도 귀하게 대한다. 훈훈함이 슈퍼를 채우고 삼거리를 감싼다.

문득 오십팔 년 전의 안쪽 방 할배가 세 분의 할배 옆에 함께 앉아 있는 것 같다. 그러고 보면 안쪽 방 할배 생각이 나서 세 분께 술대접을 하고 싶었는지 모른다. 초등학교 육학년이었던 그날의 기억은 오롯이 선명하다. 안쪽 방 할배가 방문을 열고 수제비를 담은 커다란 양재기를 들이밀며 "야아들아, 묵어라." 했다. 밤 열 시가 되어가는 시간에 수련장을 풀다 잠이 쏟아져서 안간힘을 쓰고 있던 나는 구세주를 만난 듯 수제비 양재기를 안아 들며 잘 먹겠다고 인사를 했다.

우리 집 안채엔 멀리 있는 친척들이 오면 묵게 하려고 마루의 맨 안쪽에 비워 둔 방이 있었다. 1960년대 초반 한국 전쟁이 끝나고 피난민들로 인한 주택 부족 현상은 우리 집에도 번져 와서 사람들이 수시로 찾아와 방에 세를 들겠다고 간청을 했다. 늘 남의 딱한 사정에 곧잘 마음이 약해지는 어머니가 잠만 자겠다고 해서 빌려준 방에 육십 대 부부가 스물여덟 살 된 아들을 데리고 세를 들었다. 그리고 안쪽 방 어르신들이 되었다. 할매가 집 앞 골목을 내려간 큰길에서 밥집을 하고 있어 집에선 아주 가끔씩 음식을 데우는 정도였다.

그 안쪽 방의 할배가 방 앞의 마룻장을 들추고 불편한 연탄아궁이에서 수제비를 끓여서 준 것이다. 어머니가 지인의 장례식에 가서 드물게 집을 비운 날에 늦은 시간까지 고요히 불이 켜져 있는 우리 방 안 풍경을 할배는 짐작했던 것 같다.

아버지는 공부를 더하라는 뜻으로 안방에서 우리 방까지 건너와 반듯하게 앉아 신문을 보고 있었다. 엄마도 없이 어렵기만 한 아버지 옆에서 굳은 심정으로 책을 펴고 앉아 있는 동생과 나를 할배가 수제비로 품어 주려 함이 그냥 은연중에 느껴졌다. 엄격한 아버지 곁에서 오늘밤 너희들 힘들지? 하고 보내오는 말없는 인정이 너무도 푸근하고 고마웠다.

양재기 속의 수제비가 이상했다. 다시 멸치 한 마리 없이 오로지 간장만 들어간 맹물에 수제비가 동동 떠 있었다. 이런 수제비도 있나 싶었다. 멸치육수에 감자, 미역, 호박, 파 등이 보기 좋게 들어가고 얇게 떠진 수제비가 먹음직하게 어우러져 있는 것이 수제비 아니던가. 하지만 만만하게 볼 것이 아니었다. 두껍고 몽땅몽땅하게 뜬 수제비가 맹물 속에서 간장만 머금고 있는데도 씹을수록 구수한 맛이 배어나와 맛이 있었다. 희한한 일이었다. 우리 밀 밀가루와 어우러진 그 집의 맛간장 맛이 대단히 좋아서였던 것 같다.

열두 살짜리 아이도 제 나름으로 세상을 이해하며 살아간다. 할배는 아내와 장성한 아들과 함께 몸을 뉘일 지상의 방 한 칸이 없어 사정하다시피 해서 방을 구했다. 드나들기에 거북한 남의 집 제일 안쪽에 위치한 방에 세 들어 살고 있었지만 위축된 모습은 보이지 않았다. 그지없이 간소한 수제비를 주면서도 눈치 보지 않고 그저 '묵어라'고만 하는 할배가 너그럽고 소탈해서 보기 좋았다.

　자신의 살아온 날들을 볕 좋은 빨랫줄에 내어 널어 바람을 쏘이듯 말하는 할배가 허세도 없지만 소심한 면도 없어 의연하게 보였다. 일제 강점기에 열일곱 살 적부터 만주 벌판을 떠돌 때 겪었던 일이며 그의 많은 경험들이 내게 간접 경험으로 다가왔다. 말수가 적은 할배가 가끔 마당에 나와 얘기를 시작하면 재미있어서 언제나 반가웠다. 그의 이야기를 많이 듣고 싶었다.

　이 네 분도 안쪽 방 할배를 닮아 있다. 그로부터 반세기가 넘으며 나라의 경제성장률이 이토록 높아졌지만 그다지 혜택을 많이 보며 살아온 것 같진 않다. 그럼에도 보릿고개를 지나며 궁핍하고 힘들게 살아낸 지난 세월도 한탄스럽게 표현을 하지 않는다. "돈이 귀한 시절이어서 누구나 어려웠던 시대"였다고 담담하게 말을 해서 궁상맞지 않고 품위가 있어 보인다. 그들이 쓰는 어휘가 듣는 사람의 마음을 쪼들리게 하지 않는다.

　안쪽 방 할배의 수제비같이 소박하기 이를 데 없는 분들이다.

한 시대를 순하게 떠받치고 온 어른들이다. 세상 그득하게 착한 세상이 대물림되고 있는 건 시냇물 밑의 맑은 자갈 같은 이런 분들이 자리하고 있음이다. 자갈이 그곳에 사는 작은 생명체들의 평화로운 거처가 되어주는 것을 우리는 알고 있다.

안쪽 방 할배가 여기 또 계셔서 참 좋다.

3부

보자기 그 낭만을

눈물

　요리에 쓸 향신료를 사기 위해 집을 나선다. 번히 앞에 보이는 백화점까지 걷기로 한다. 신호를 기다려 길을 건너는데 왼쪽 눈에 눈물이 주르르 흐른다. 볼에 매달리는 눈물을 닦고 고인 눈물은 찍어낸다. 마주 오던 중년 여인이 동그란 시선으로 쳐다본다. 길바닥에서 참을 수 없이 울어야 할 만큼 기막힌 사연이 있나 하고 호기심 어린 기색이다. 무슨 일이 있느냐고 묻기라도 한다면 눈물샘의 오작

동으로 한 번씩 흐르는 것이라고 설명이라도 할 텐데 힐끔힐끔 보기만 하니 난감한 채로 걸어간다. 아무 곳에서나 눈물을 흘리면 이런 딱하게 보는 눈길이 따라온다.

그때도 그랬다. 어머니 떠나신 후 울 곳이 없었다. 깊은 슬픔은 때도 없이 눈물로 쏟아졌다. 어디를 둘러보아도 북받치는 설움을 풀어놓을 데가 없었다. 두 동생이 금방이라도 터질 것 같은 울먹임을 머금고 내게 의지했다. 필사적으로 속으로 삼키며 동생들 앞에 의연한 자세를 만들어야 했다.

어머니의 운구가 화구로 들이밀어지던 순간 나는 내달았다. 화구 입구가 찰나같이 여닫칠 때 무섭게 타오르는 불바다가 거기 있었다. 어머니가 그런 데로 들어가는 참혹함을 나는 보았다. 그게 내 통곡이었던가. 거대하고 세찬 통곡이 덮쳤다. 통곡 속에 곤두박질쳐진 채 울부짖었다.

누군가 나를 잡아챘다. 친척 오빠였다. 어머니로 가기 위해 오빠 손에서 벗어나려고 몸부림쳤다. 통곡과 몸부림이 한 덩어리로 뒤엉켜 날뛰었다. 오빠의 손아귀를 죽을힘으로 비틀었다. 오빠가 내 손목을 잠시 들여다보더니 한곳을 억센 힘으로 꽉 눌러 잡았다. 순간 전신의 힘이 물처럼 빠져나갔다. 오빠가 나를 끌어다 긴 나무 의자에 앉혔다. 짐짝이 부려지듯 의자 등에 기대졌다.

화장장 마당 풍경이 한순간에 음향 꺼진 화면이 되었다. 움직이는 사람들이 무성영화 장면으로 멀어져 갔다. 철철 흐르던 눈물이 잦아들었다. 가슴에 돌덩이가 얹힌 것처럼 옴짝달싹할 수 없이 눈만 번히 뜨고 있었다. 세상이 정지되었다.
  사람이 운명할 때 마지막 순간까지 청각은 또렷해서 모든 말을 듣고 담아 가는 걸 스물여섯 살의 나는 그때 알지 못했다. 어머니가 우리를 두고 저세상으로 가신다는 것이 믿기지 않았다. 정신 차려 달라고 엄마!! 엄마!! 목놓아 불렀다. 혹시 말을 하실까 봐 귀를 기울였다. 어머니의 숨소리, 말씀 한마디라도 더 듣고 가슴에 품는 것이 잘하는 일인 줄 알았다. 못 해 드린 마지막 인사가 시린 뼈에 사무쳐 있다.
  동네 분들은 "너거를 그리도 끔찍이 위하면서 키우더마는, 일찍 갈라고 그랬는갑다." 하며 붉어진 눈으로 눈물지었다. 그 어머니가 떠나시는 마지막 순간을 나는 울지도 못했다.
  긴 의자에 앉혀진 이후의 기억은 아무것도 없다. 아버지와 동생들은 그 순간을 어떻게 견뎠을까. 나는 또 얼마나 오래 빈 자루처럼 널브러져 있었는지 모른다. 어두운 무대에 비추는 노란 조명 속같이 동그마니 긴 의자만 기억날 뿐이다.
  남동생이 상주의 할 일을 다 하고 왔을 때 비로소 입술이 달싹여졌다. "큰누나야, 엄마를 산에 뿌려드렸다. 엄마 유언대로." 열다섯 살짜리가 상복을 입고 서서 퉁퉁 부은 눈으로 울음을 터뜨렸다. 그제야 나도 울음이 터졌다. "울지 마라. 네가 울면 동생들이 따라서 더 운다. 울지 마라." 친척들이 울지 말라는 말로 위로했다. 맏딸은 그래야 하나 싶어 울음을 참아내려 애를 썼다. 비어져 나오는 흐느낌도 자꾸 삼켰다.

그후로, 살면서 정작 슬픈 일을 당해 우는 순간엔 눈물이 나오지 않는다. 눈물이 아래 눈꺼풀까지만 차올라 씀벅거린다. 가슴 속은 터질 듯이 먹먹한데 눈물은 눈시울에만 맴돈다. 오랜 세월 동안 그런 순간을 맞닥뜨릴 때마다 무던히 힘이 들었다. 그 상태가 눈물장애라는 걸 알게 된 건 요즈음이다.

슬픔은 깊이를 더해 가며 허우적거리게만 하는 줄 알았다. 문득 돌아다보니 슬픔이 스스로 자맥질하여 길을 내어놓았다. 그 길에 서서 어머니의 나라 저쪽에다 반쪽 심장을 열어 놓고, 어머니가 하셨듯이 성실하고 예쁘게 살아가는 모습 보여 드리려고 노력했을 성싶다. 슬픈 어깨에 기대 있었기에 소소한 기쁨도 기껍게 당겨 소중히 하는 법을 배우려 했으리라. 어머니가 황황히 가신 자리는 서둘러 떠나신 만큼 굵은 뿌리를 내려, 환한 웃음과 긍정의 시선으로 세상을 읽던 어머니를 닮으려 몸짓하고 있었다. 기나긴 시간을 건너오며 함께한

슬픈 그리움도 나의 삶이었다.

추운 날씨의 바깥에서 한 번씩 흐르는 눈물은 헐거워진 눈물샘의 원인 같은데 병원에선 치료까지 할 건 아니라고 이대로 살라고 한다. 아무래도 내 생각엔 그때 꾹꾹 눌러 넣어둔 눈물이 새어 나오는 것 같다. 길을 가다 잠시 걸음을 멈추고 눈물을 닦노라면 타박타박 밟아 온 내 삶이 우두커니 둘러선다. 그때 못다 흘린 눈물을 우리도 안다는 듯이.

고등어

    고등어는 가을이 제맛이다. 가을철에는 바닷물고기의 살이 단단하고 새로워진다. 고등어도 가을바람이 목덜미에 썰렁할 때에 제일 맛이 든다. 그럼에도 봄에 오는 고등어도 반갑다. 봄날에 떨어져 내리는 꽃그늘 아래로 고등어가 온다. 일어선 파도를 이기고 끊임없이 흔들리는 물결무늬를 푸르게 새기고 꽃시절에 동참하듯 헤엄쳐 온다. 어쩌면 상추가 나는 철에 맞추어 오는지도 모르겠다.

오월 봄의 붉은 줄장미를 따라 나오는 상추가 맛있는 시기이다. 줄장미가 천진무구한 모양으로 야단스럽게 담장을 타고 올라 흐드러진 이맘때부터 늦은 유월까지는 부드럽고 쌉싸래한 상추의 계절이다. 고등어조림을 얹은 상추쌈 맛은 밍밍한 미각을 열어 주고 북돋운다.

옛날 내가 초등학생이던 1950, 60년대에 해가 지고 상점의 불빛이 환해진 큰길에 나가면 하루의 일과를 마친 지게꾼이 산동네를 향해 드문드문 올라가고 있었다. 막소주에 불콰해진 얼굴로 휘청휘청 걸어가는 지게꾼의 빈 지게에는 자반고등어 한 손이 매달려 대롱거리곤 했다.

우리 동네엔 1970년대까지 지게꾼들이 큰길가에 즐비하게 앉아 고객을 기다렸다. 가족의 생계를 위해 약간의 품삯을 받으며 무거운 짐을 지는 일을 세상없이 열심히 했다. 줄줄이 비어져 나오는 땀을 흘리며 종일토록 번 수입으로 생선을 사들고 가는 귀갓길이었다.

오늘 저녁은 온 식구를 배불리 먹일 수 있다는 가장의 으쓱한 안도감이 술기운과 함께 고등어에 어려 있었다. 가난한 가장이 집에서 기다리는 처자식을 생각하며, 점심을 굶은 배에 수돗물로 허기를 달랜 값으로 산 고등어였을 것이다. 삶의 최선을 다한 노동에 응답을 받은 가장의 하루를 지게에 비끄러 매달린 고등어가 흔들리며 만천

하에 알리고 있었다.

고등어는 노동에 지친 아버지들을 따라가고 몇 푼의 돈을 소중히 쥐고 나온 주부들에게 딸려가곤 했다. 그다지 밝지도 않은 알전구 불빛 아래 가족이 둘러앉아 맛있게 수저질하는 데에 참여해서인가. 고등어는 화려한 식탁보다는 소박한 밥상에 더 많이 오른다. 그때는 고등어와 비슷하게 생겨서 초등학교 자연 과목 시험에서 혼동되기 쉬웠던 전갱이도 많이 잡혔다. 고등어보다 감칠맛이 좋아 가격도 더 하고 인기도 좋았다. 고등어는 같은 종의 등푸른생선인 전갱이한테도 밀리는 신세였다.

그 고등어를 지게에 매달고 술 한잔 걸친 아저씨가 유행하던 〈카사비앙카〉 노래 가사를 바꾸어서 부르며 걸어갔다. "너거 집은 하얀 지입, 우리 집은 판자지~이입, 불이 나면 빨간지~이입, 불 꺼지면 까만지입~." 흔들흔들 부르며 가던 모습이 생생하다.

다닥다닥 붙어서 살고 있는 산동네 판자촌에는 자주 불이 났다. 비탈진 좁은 골목길에 소방차가 들어갈 수 없어 불을 빨리 끌 수도 없었다. 아저씨는 이 악물고 살아봐도 산동네 판자집을 면할 수 없이 계속되는 가난의 애환을 취한 눈 크게 뜨고 그렇게 불렀다. 그럴 때의 고등어는 제 몸을 흔들어 박자를 맞추는 것 같았다. 유유히 헤엄치며 살던 바다 세계에서 인간의 세상으로 끌려온 고등어가 지게꾼

아저씨의 심정에 제 마음을 포개는 성싶었다.

김훈의 소설 《흑산》에는 어부들이 고등어를 잡는 밤바다가 숨가 쁘게 출렁인다. 동생 정약종이 천주교를 받아들여 믿은 대가로 정약전 집안은 결딴이 난다. 정약종은 효수당하고 막냇동생 정약용은 전라도 강진으로 유배 가고 약전은 '머나 먼 붉은 바다 위 어두운 섬', 흑산으로 유배를 간다. 곤장을 맞아 불거진 엉치뼈를 어기적거리며 유배지 흑산의 바닷가를 참담하게 서성인다.

막막한 흑산의 바다를 들여다보다 고등어 떼, 날치 떼며 바닷물고기들을 만난다. 학자는 어디에서도 학자이던가. 정약전은 흑산의 '너무 캄캄한' '흑'을 '흐리고 어둡고 깊다'는 '자'로 바꾼다. '희미하지만 빛이 다가오는' '자산'의 뜻을 새겨 《자산어보》를 쓴다.

《자산어보》엔 고등어 떼도 있다. '빠르고 까다로운' 고등어는 유독 자존심이 강할까. 어부에게 건져 올려진 현실을 견딜 수 없어 고등어는 잡히는 순간에 죽어 버린다. 《흑산》은 얘기한다. "고등어는 빨리 죽고 또 빨리 상해서 어부들은 잡자마자 소금에 절였다." 고등어의 자긍심은 소금을 온몸에 바르고 당당하게 '자반고등어' 이름을 얻었다.

끼니마다 밥도 잘 먹고 슬리퍼를 끌며 집 앞 슈퍼에 가다 이웃을 만나면 웃으면서 인사도 잘 나누는데 마음이 저 혼자 헛헛한 날이 있다. 시간의 모서리가 가시랭이로 일어서는 그런 날, 고등어 두어 마리 사다 양념장 진하게 조림을 한다. 상추 잎을 포개서 밥을 얹어 쌈장을 바른다. 거기에 조림고등어를 뚝 떼어 올려 쌈을 싸서 두 눈이 감기도록 입을 벌려 욱여넣는다.

볼이 미어지게 상추쌈을 먹노라면 삶의 닿지 않는 선득한 거리감이 묵묵히 견뎌지는 날도 있다. 살다 보면. 그런 때에 통통한 살이 듬뿍 떼어져서 포만감을 주는 고등어가 제격으로 다가오곤 한다.

사랑은 고여 들고

추석이 다가오자 스마트폰에 명절 인사들이 들어온다. 그중에는 풍요로운 한가위 되라는, 다운 받은 그림으로 보낸 추석 인사도 있다. 그림 하나로 아는 사람들에게 쫙 보냈을 것이다. 잊지 않고 기억해 주어서 고맙지만 엘리베이터에서 만난 한 통로의 이웃 아이가 안녕하세요, 하고 던지는 의례적인 한마디 같기도 해, 보는 마음이 조금 밋밋해지기도 한다. 내가 고루해서인지 그림 밑에 직접 써넣은 문자 몇 글자 달려 있으면 더욱 고마울 텐데 하는 생각이 못내 든다. 보내는 사람의 온기를 한결 더 가까이 느끼고 싶은 마음에서다.

어느 책에서 읽었던 추사와 김노경의 편지글이 생각난다. 큰아버지 집안에 양자로 간 추사가 여덟 살 때 아버지 김노경에게 보낸 편지엔 아이의 따뜻한 마음이 들어 있다. "장마 더위에 건강은 어떠신지요? 너무나 그립기만 합니다. 저는 어른 모시고 글을 읽으며 잘 지내고 있으니 다행입니다……." 여덟 살의 추사가 한자로 쓴 글이다.

거기에 추사의 아버지는 "편지가 도착해서 네가 어른 모시고 책을 읽으며 잘 지낸다는 것을 알았단다……." 하고 받은 편지의 빈 공간에 답을 채워 보낸다. 주고받은 문장이 한 지면에서 나부끼어 교감의 멋이 그윽하다. 옛사람들은 부모와 형제, 친구, 친척들과 편지를 주고받으며 정신과 마음을 키워나간 것 같다.

어머니는 어질고 정이 많고 부지런하셨다. 우리 형제를 깊이 사랑하며 온화하셨지만 엄한 데도 있었다. 어머니를 유달리 좋아하는 한편 어렵기도 했다. 일곱 딸 중의 외동인 아버지는 전형적인 '오냐, 오냐'의 유형 속에서 성장하셨다. 총명한데다 착하고 올바른 성품이지만 성격이 급하고 까다로우셨다. 우리에겐 좋은 아버지였지만 어머니에겐 받들어야 할 남편이었다. 치마저고리가 잘 어울리는 어머니의 하얀 버선발은 구들장 같은 삶의 무게를 안고 쉴 겨를이 없으셨다.

여고 일학년 여름 방학 동안 나는 할아버지, 할머니가 계시는 시골집에 있었다. 할아버지께서는 외동아들에게서 난 손자, 손녀인 우리를 끝없이 보고 싶어 하셨다. 두 동생은 시골집이 심심하다고, 버티며 가려고 하지 않았다. 예외 없이 나는 큰딸이라는 이유로 등 떠밀려서 가 있었다.

그래서였을 성싶다. 끝없이 울어 대는 개구리 소리가 까만 어둠을 꽉 채운 밤에 별무리는 쏟아질 듯 이마까지 내려와 눈물처럼 글썽거렸다. 별빛 때문이었던가. 모깃불 향이 마당 가득 퍼져 있는 밤이 적막해서였을까. 문득 어머니가 보고 싶었다. 가만가만 마당의 우물가로 나가 두레박으로 물을 퍼서 얼굴을 담갔다. 언제나 밝으신 어머니 모습이 떠오르는데 가슴이 뭉클해졌다. 얼굴을 북북 문질러 씻고 호롱불 밑에서 동생한테 편지를 썼다.

먹먹한 가슴이 가라앉지 않아 잉크를 찍어 펜을 들었던 것 같다. "…… 우리를 위해서 한없이 애쓰시는 어머니다. 가여운 여인이다. 너와 내가 어머니 말씀 잘 듣자……." 동생에게 쓴 최초의 편지였고 어머니를 언급한 난생처음의 편지글이었다. "영주가 어느새……." 중얼거리며 편지를 읽던 어머니가 눈물을 흘리셨단다. "엄마가 진짜 좋아하시데." 동생의 낮지만 힘 준 속삭임에 가슴이 출렁, 하며 놀랐다.

사랑은 고여 들고

어머니가 우시다니! 생각나는 대로 무심코 쓴 편지였다. 그저 내 마음 따라 쓴 글에 감동하시는 어머니가 충격을 받을 정도로 놀라웠지만 그토록 크게 움직인 어머니의 마음이 내 안에 깊은 감동으로 흘러들어 왔다. 이상하게도 어머니에게 느끼던 어려움이 녹아내리며 그 자리에 어머니로 향한 애틋함이 고여 들었다. 어머니를 강하게 사랑하게 된 또 하나의 동기였다.

마을에서 호랑이로 소문난 할아버지는 성품이 별난 분이셨다. 외동아들에게서 난 귀한 손자, 손녀라고 우리를 아껴 주셨지만 나와 여동생을 남동생과는 차별 나게 대하셨다. 우리에겐 늘 '여식아이가, 여식아이가' 하시며 규제와 제재가 많았다. 여식아이는 앉음새가 고와야 하고 걸음새는 다소곳이 반듯하게 걸어야 하고 수저질은 조용조용해야 하고 마루에 앉을 때는 걸터앉으면 안 되고 등등……. 여식아이가 지켜야 할 것이 수도 없이 많았다.

여고 이학년 봄 새 학기 때 어머니가 감기 몸살을 심하게 앓으셨다. 소식을 들은 할아버지가 약을 지어 부치신 소포에 동봉된 "아가 메누리 보아라."로 시작된 할아버지의 붓글씨 편지가 있었다. 어머니 머리맡에 나붓이 접혀 있기에 생각 없이 펴 보았다. 어머니를 염려하시는 할아버지의 글을 읽어 가던 내 눈이 크게 떠졌다. 한 번도 생각해 보지 못한 뜻밖의 얘기가 그 속에 있었다. 딸자식인 손녀 둘을 잘 키우려면 며느리가 오래 살아야 한다는 글이 먹글씨로 선명하게 써내려져 있었다.

아들을 위하는 세상이어서 아들은 모두가 정성을 들여 키우지만 딸들은 어미가 없으면 소홀히 되어 잘 자랄 수가 없다고 쓰여 있었다. 영주와 광주가 할아버지의 발음대로 적힌 채. "영쥬 광쥬 불쌍타. 메누리가 오래 살아서 저 여식들을 잘 키워야 한다. 여식이기 때문에 더 잘 보살펴야 한다."던 구절의 글자들이 지금도 빛이 나며 떠오른다.

상상도 못 해 본 말이었다. 딸이어서 억누르고 차별을 하는 것이라고 생각했다. 딸자식이므로 여성스럽게 가르치시겠다는 할아버지의 마음을 꿈에도 헤아리지 못했다. 헤아리기는커녕 짐작조차 해본 적도 없었다. 가슴 복판에 감동이 아름드리 기둥으로 들어찼다.

할아버지 사랑방에는 커다란 벼루함이 놓여 있었다. 남으로 드는 햇살을 받으며 벼루에 물을 담고 먹을 거두어 한지에 한자 한자 써내려 가는 할아버지의 모습이 아득히 떠올랐다. 늘 불호령만 내리시는 할아버지의 모습은 콩알만 하게 멀어져갔다. 우리를 한량없이 사랑하시는 마음이 가득히 느껴졌다. 어떤 훌륭한 훈계를 들었을 때보다 내가 반듯하게 살아야 한다는 다짐이 마음 깊은 곳에 굳게 차올랐다.

사춘기에다 입시 공부에 얽매인 똑같은 날의 반복으로 마음은 앞뒤 없이 찌푸려지던 시기였다. 일탈을 꿈꾸며 조용히 앉아 있어도 교복 칼라 밑의 가슴 속은 하릴없이 흔들리고 모든 것에 미성숙했던 그 시절. 내 존재의 가치 부여를 인식하는 또 다른 계기였다.

일상 속에서 흘러나온 편지 두 통은 나에게 너그러운 사랑을 배우게 하고 도량도 분명한 아름다움임을 소중히 간직하게 했다.

말보다 글이 강한 건, 영혼의 결을 따라 마음으로 꾹꾹 눌러쓴 힘일 것이다.

팥죽을 끓이며

　동지 팥죽을 끓인다. 팥물이 졸아들며 쌀알이 익어 퍼질수록 냄비 바닥으로 가라앉는 팥 앙금이 눋지 않게 저어 주어야 한다. 팥죽은 부지런히 저은 뒤에야 완성을 이끌어 내는 시간을 품고 있다. 건너뛸 수 없고 서둘러 덤벼서도 안 되는 한 시기를 찬찬히 건너야 다 된 죽을 만난다. 한순간에 세계의 판도를 바꿀 수 있는 능력자일지라도 팥죽 한 그릇 먹기 위해선 꼼짝없이 냄비 앞에 서서 죽을 젓는 말미를 내야 한다. 눋게 될까 봐 적당히 긴장하며 쉼 없이 젓고 있노라면 평화로운 한때가 선물처럼 태어난다. 죽을 젓는 시간으로.

어머니는 동지 시간에 맞춘다며 밤을 새워 끓인 팥죽을 그릇그릇 떠서 새벽에 식구들을 먹게 하곤 했다. 동지 전날 밤, 온 가족이 두레상에 둘러앉아 하하하 웃으며 새알을 비비던 추억들이 복닥복닥 팥죽 끓는 소리 사이로 떠오른다. 구수하고 뜨거운 죽을 후후 불어 동치미를 곁들여 먹고 있으면 식구들의 만족스럽고 따스한 표정들 속에 나도 끼여 있음이 마냥 좋았다.

지난주에는 김장을 했다. 요즘 젊은 사람들이 흔히 그렇듯 아들은 저만의 휴일 시간을 아끼는 편이다. 부모와 식사하는 날도 한 달에 두 번을 정해 놓고 만난다. 그런 아들이 나이 드는 엄마가 돌아다 보였던가. 김장하는 날 엄마를 돕겠다고 아침 일찍 왔다. 소중히 여기는 휴일을 접고 온 아들의 마음이 대견했다.

무와 콩나물을 넣어 얼큰하게 끓인 고깃국에 아침을 달게 먹고 차를 마신 뒤 김장을 시작했다. 집안 가득 잔잔히 퍼지는 음악을 틀어 놓고 이야기꽃을 피우며 배추를 버무렸다. 겨울 아침을 싱그럽게 밟고 온 아들은 도란거리며 모여 앉아 김장하던 정경이, 내가 이 세상에 없는 어느 날에 문득 바람이 멎듯 눈에 밟히기도 하리라.

몸에 피로가 쌓이면 혓바닥에 좁쌀알같이 돋아 몹시 쓰라린 사람들이 있다. 나도 그 범주에 속한다. 비타민C 부족 현상이라는 걸 알므로 비타민제를 열심히 먹어도 쉽게 낫지 않을 때가 있다. 하루에 세 번이나 먹어야 하는 밥을 먹을 때마다 혀가 바늘로 찌르듯 아리는 것은 예사로운 일이 아니다. 오죽하면 입안에 혓바늘이 돋았다고 표현을 할까. 그럴 때 비상시의 최정예군같이 해결해 주는 음식이 있다. 김치다.

맵싸한 김치가 혀에 닿으면 더욱 소스라치게 고통스럽지만 꾹 참고 두세 끼만 먹으면 씻은 듯이 낫는다. 시어진 김치는 영양소가 거의 파괴되었다고들 하지만 시어 터진 신김치도 혓바늘 돋은 데에는 빼어난 효능을 발휘한다. 입안이 해졌을 때는 김치 만한 것이 없다.

한 해의 농사처럼 정성을 쏟으며 부지런히 김장을 한 뒤에 동짓날이 다가오면 팥죽을 쑤어 먹던 옛 선인들의 지혜가 속속들이 배어난다. 동짓날은 해와 달의 약속으로 겨울과 새봄이 교차하는 시점이다. 해가 바뀌는 지점인 동지에 팥죽을 먹어 몸속의 독소를 내보내고 맑게 하고자 하는 의미이다. 팥죽에 듬뿍 든 팥 성분은 곧장 심장으로 가서 한 해 동안 심장에 쌓인 독소를 밀어내는 작용을 한다고 한다. 온 힘을 다해 노력하는 삶은 튼튼한 몸에서부터 시작되지 않던가. 건강한 한 해를 시작하라는 선인들의 슬기이다.

동짓날 점심에 어머니는 형편이 어려워 팥죽을 못 끓였음직한 동네의 이웃을 불러 팥죽을 먹었다. 이웃사람들과 더불어 별식을 나누며 전해져 내려오는 세시 풍속을 지나치지 않았던 것 같다. 우리 집 김장을 하는 날엔 동네 아주머니들이 와서 거들었다. 삼백 포기 넘게 하는 김장을 이웃들이 도와주어서 어머니는 김장이 수월하고 김장하는 마당이 풍요롭고 넉넉했을 것이다. 함께한 사람들과 따뜻한 밥을 해 먹고 돌아갈 땐 김장한 김치를 담아 보냈다. 이웃 간의 정이 따사롭게 오고 가는 풍습이다.

내가 결혼한 다음 해 1978년은 우리나라에 고추 농사가 흉년이 들어 고춧값이 천정부지로 뛰어올랐다. 부산에서 시어머니가 오셔서 김장을 해 주고 가는 풍경이 길 건너 집 옥상에서 모두 내려다보였던 것 같다. 맞은편 집에 산다며 오십 대의 아주머니가 양푼이 안 보이도록 등 뒤에 붙여 들고 찾아왔다. 고춧값이 비싸서 김장을 못했다며 김치 한 쪽만 주면 좋겠다고 했다.

생판 낯선 사람이지만 이웃이라기에 두 쪽을 주었더니 한 쪽만 더 달라고 부추겼다. 김치가 조금도 없나 보다 싶어 네 쪽을 담았더니 양푼에 그득했다. 아주머니는 고맙다며 인사를 몇 번이나 하고 돌아갔다. 내 어릴 적인 1950, 60년대에 김장을 한 날, 어머니가 동생과 나의 손에 들려서 부잣집은 빼고 이웃에 집집마다 김치를 돌리던 이유를 그때 알았다. 혹시 김장을 못하는 집이 있을까 봐 어머니는 미리 헤아렸던 것이다.

요즘엔 김장을 담그는 이십, 삼십 대들이 늘어난다고 한다. 이 시대를 살아가는 그들의 삶이 얼마나 바쁘고 벅찬가. 틈을 내어 겨울이 쌓여 가는 날 햇살 도타운 자리에서 큰 대야 가득 양념을 버무려 오순도순 김장을 하는 살림의 새내기들이 참 예쁘다. 그들의 손으로 우리 김장 풍습이 면면이 이어졌으면 좋겠다. 김장을 갈무리하고 얼마 있다 다가오는 동짓날엔 팥죽을 끓여 먹으라고 권하고 싶다. 다들 딴 겨를이 없이 한가하지 못한 일상이지만 잠시 쉬어 가듯 냄비 속의 죽을 저으며 느림의 미학에 대한 사유도 해 보며 말이다.

팥죽이 다 된 것 같다. 마지막으로 새알을 넣는다. 빛나는 삶을 희구하는 염원의 알맹이 같은 새알이 죽의 표면으로 떠오른다. 완결을 향해 가다듬는 손짓으로 소금 간을 맞추면 완성이다.

마른 은사시나무에 빗금으로 드는 햇살처럼 살아온 날보다 남아 있는 날들이 길지 않은 삶도 잠시 돌아보는 시간이었다. 팥죽 젓는 시간이.

보자기 그 낭만을

　삼월 볕은 어딘지 어릿어릿한 표정이다. 음력 이월 영등할매 서슬로 꽃샘바람한텐 아예 주눅이 든다. 햇살이 매화 꽃술 밑에 깔리고 벚꽃망울 위에 머뭇댄다. 더구나 "기-미년 삼-월 일일 저엉오-오-." 태극기 물결 속에 비장하고 장엄하게 첫날을 시작하는 삼월에 나대지 말자고 스스로 삼가는 태도다.
　삼월은 봄이라고 봄옷을 입고 나서면 잊지도 않고 꽃샘추위가 스며든다. 그럴 때 가방에서 꺼내 드는 것이 있다. 보자기이다. 오슬오슬 돋은 삼월 한속을 보자기가 지워 준다. 예쁜 무늬 보자기를 삼각형으로 접어 목에 두르면 등까지 따뜻해진다. 보자기 한 장의 위력이다.

우리 생의 시작과 끝도 보자기가 함께한다. 갓 태어나서 배냇저고리 한 장 걸치고 달랑 기저귀만 차고도 강보에 싸이면 아늑함을 느끼며 첫 생을 내디딘다. 새 인생으로 나아갈 때도 보자기가 거든다. 사주단자는 정성껏 채색 보자기에 싸서 함에 넣고, 함을 또 소중히 채색 보자기로 싸맨다. 명줄을 놓아 버린 생의 마지막 몸도 엄숙하게 삼베 보자기로 마무리한다.

옛 여인들은 출가할 때 자리보, 혼수보, 쓸보 등 백여 장이 넘는 보자기를 가져갔다. 보자기 용처도 많았겠지만 소복소복 복을 싸서 가는 의미도 진했으리라. 여인들은 밥상보, 횃댓보 등 보자기의 매력에 빠져 쓸 용도가 아닌 보자기에도 아름답게 수를 놓아 간직했다. 꽃과 나비, 십장생과 어여쁜 자연을 수놓아 집안의 평안을 기원하며 향기로운 여인에 이르고자 했음이다.

남편이 퇴직하고 사무실에서 사용하던 손때 묻은 소지품을 담아 온 것도 보자기였다. 회사가 굳이 엄청나게 크나큰 보자기를 선물한 것은 복을 많이 싸서 편안한 여생을 보내길 기원하는 의미였던 것 같다.

  밤색과 하늘색이 교차된 보자기엔 남편 책상 위에서 짧지 않은 세월 동안의 직위를 지켜 온 명패도 있고 임명장이며 도장 등이 담겨 있었다. 남편의 청춘 시절과 중장년의 인생을 오롯이 다 바친 흔적이 보자기에서 끌려져 나왔다. 알토란같은 알찬 밤톨들이 더미를 이루던 밤색 시절과 황혼을 앞두고 이제 느긋하게 살아갈 하늘빛 시간을 보자기가 다 품고 있는 것 같았다. 그토록 아등바등하는 인생도 단 한 보따리로 정리되지 않느냐고 보자기가 넌지시 이르는 듯했다.

  학생 시절 삼월 새 학기가 시작되면 어머니는 새 책을 잘 담아 오라고 푸른빛 보자기 한 장을 접어 책가방에 넣어 주셨다. 지금도 나의 외출 가방 속엔 부피감이 적어 편리한 보자기 두 장이 접힌 채 비상시의 정예 요원처럼 자리하고 있다. 냉방이 강한 영화관 같은 데서 보자기를 꺼내 한 장은 어깨에 두르고 다른 한 장은 무릎을 감싸면 간단히 냉기를 물리칠 수 있다. 세련되고 비싼 백과 쇼핑백이 보자기 대신 판을 치는 이 시대에도 보자기의 사용처는 면면하다.

  지난달 설에 아들이 명절을 쇠러 오면서 황금색 보자기에 싼 곶감 상자를 들고 왔다. 곶감 보따리를 들고 들어서는 아들을 보면서 딸 내외와 우리 부부는 약속이나 한 듯이 동시에 "오-우!" 소리를 질렀다. "형님, 천리 타향에서 부모님 계시는 고향 집 찾아오시는 포스

인데요." 사위의 '오우'에 대한 풀이말에 우리 모두 한바탕 웃음바다가 되었다. 아들의 거처는 오 분 거리의 지척 간에 있는 터여서 유쾌한 웃음을 자아내지 않을 수 없었다.

젊은 세대인 아들도 씩 웃고 딸 내외도 오우, 한 것은, 명절에 고향 가는 자식들이 넉넉지 못한 지갑으로 열심히 마련한 선물 보따리를 양손에 가득 들고 부모님을 뵈러 가던 보자기의 정서를 알고 있기 때문이다. 세상의 어머니들이 애면글면 보따리 보따리 싸서 이고 들고 자식 집을 찾아가던 모습도 우리 모두 안다.

보자기를 접다가 손바닥만 해지면 참 허허해 보인다. 그저 얇은 정사각형일 뿐이다. 무엇 하나도 제 것으로 가지려 해본 적 없는 무심의 형상 같다. 가리고 싶은 데는 덮어서 가림막이 되며 옮기고 보관하고 지켜 주는 역할에 최선을 다한다. 제 할 일 다 한 뒤엔 조그맣게 접혀 잊히듯 서랍 귀퉁이로 떠밀려 들어간다. 외진 데서 묵묵히 홀로 걷는 무소유의 표상이 저럴까 싶다.

활짝 펼치면 그야말로 별 볼 일 없어 보이던 사각 모서리가 물건을 싸맬 땐 불불이 일으켜 선물 포장의 맵시도 되고 이동 수단의 튼튼한 매듭도 된다. 허허실실의 정형이다. 등 굽은 할머니가 들고 온 채소 보따리로 길바닥에 펼쳐 난전의 흙 묻은 가판대가 되다가도, 매혹적인 조각보, 수보가 되어 벽을 장식하는 예술품으로 변신하는 보자기는 전생이 멋있는 낭만 방랑자였던가.

    손끝에 잡고 고층 창에 내밀어 먼지를 털다 잠시 손가락 하나 힘을 놓으면 서슴없이 자유로운 영혼이 되어 훨훨 날아가 버릴 것 같다. 보자기는.

벚꽃 길에 나서다

옛날부터 클래식을 듣고 난 뒤에 이어서 양희은의 〈한계령〉 같은 노래를 듣고 싶었다. 쇼팽이나 베토벤에 연이어서 〈자니기타〉나 〈섬머 와인〉 등의 노래가 흘러나오면 좋겠다고 생각한 적이 많았다. 한세상 사노라니 그 희망을 이루는 시대가 왔다. 듣고 싶은 곡을 장르에 관계없이 스마트폰에 손가락 하나로 입력하고 스피커를 들고 나서면 차 안이든 어디서든지 들을 수 있다.

오늘 지상엔 벚꽃천지다. 곡목이 떠오르는 대로 담은 음악을 벗하여 벚꽃 따라 길을 나선다. 그 옛날 신라의 도읍지여서일까. 경주에 와서 보문호숫가에 찬란히 쏟아진 벚꽃 길을 걷노라면 진짜 봄을 안은 기분이 되곤 한다.

박인희가 〈세월이 가면〉을 부르고 있다. 모더니즘 시인 박인환의 시 〈세월이 가면〉에 곡을 붙인 노래다. 많은 사람들이 시의 첫 구절인 "지금 그 사람 이름은 잊었지만"을 기억하므로 시구가 제목이 되어버렸다. 박인희의 깊은 숲속 청아한 샘물 같은 목소리는 마음을 씻어 준다.

낫 킹 콜이 〈키사스 키사스〉를 부른다. 낫 킹 콜은 어쩌자고 힘을 모조리 뺀 목소리로 저토록 매력만 오롯이 담고 있는가. 영화 〈화양연화〉에서 양조위와 장만옥의 그 쓸쓸한 사랑의 배경에 끊임없이 흐르던 〈키사스 키사스〉를 낫 킹 콜의 목소리로 듣는다.

"이상해요. 오늘 밤 무슨 일인지 모르겠소. 난 처음인 것처럼 그대를 보고 있어요." 달리다가 부르는 샹송 〈빠로레 빠로레〉의 알랭 드롱은 노래도 부르지 않고 몇 번의 토막 대사로 마음을 뒤흔들어 놓는다. 그의 짧은 웃음소리가 들린다. 알랭 들롱이 소리 내어 웃는 영화가 있던가. 입술로만 짧게 웃고 마는 게 특징이다. 그의 웃음소리를 이 노래에서 듣는다.

〈태양은 가득히〉가 뒤를 잇는다. 이 영화에서 모순에 빠진 나의 생각을 보았다. 살인을 저지르는 톰 역의 알랭 드롱을 번연히 보고도 시체가 배의 스크루에 걸려 따라 왔을 때 들어차던 허탈함. 그가 지중해 해변의 비치파라솔 밑에서 행복해지기를 바라는 내가 거기에 있었다. 조각같이 잘생긴 알랭 드롱 뒤로 햇살 부서지는 푸른 바다와 주제 음악 〈태양은 가득히〉가 그토록 아름다워서였을 것이다.

〈돈데 보이〉가 흐른다. 예전부터 지금까지 가난에 지친 멕시코인들이 아메리칸 꿈을 안고 국경을 마주하는 미국으로 계속 넘어가고 있다. 국경을 넘지만 곧 엄청나고 막막한 사막에 들어서게 되고 수많은 사람들이 길을 잃고 죽음을 맞는다. 돈데 보이, 어디로 가야 하나요. 이토록 애잔하게 가슴을 적시는 노래가 죽음의 국경을 넘으며 기막힌 삶을 견디는 비통한 노래다.

벚꽃 길 따라 음악의 향기는 꽃잎에 스민다. 내가 떠난 자리에도 꽃잎은 내려앉고 음악은 여운으로 남을 것이다. 이미자의 〈아씨〉가 벚꽃 터널 속에 가득 찬다. 그녀의 고음 처리가 일품인 〈동백 아가씨〉가 나왔을 때 중학생이었던 나는 노래에 공감하지 못하고 귓등으로 들었다.

이미자 노래 중 좋아하는 곡이 하나 있다. 텔레비전 연속극 주제가였던 〈아씨〉는 가사가 아름다웠다. 기품 있고 아름다운 김희준이 연기하는 조선의 여인상에 할머니가 겹쳐졌던 것 같다. 연속극을 시작하면서 〈아씨〉 노래가 흘러나오면 언제나 다소곳이 할아버지 시중을 드시던 할머니가 떠올랐다. "저무는 하늘가에 노을이 섧구나." 마지막 소절 그 노을 속에 무명치마의 할머니가 아득히 서 있다.

이미자의 목소리가 이토록 마음을 끌어당기는 줄 예순 중반의 지금에서야 알게 되었다. 이미자 씨한테 몹시 미안하다. 몇 십 년의 아까운 세월을 다 흘려보내고 이제야 〈아씨〉, 〈여로〉 들을 듣는다. 부모님을 생각하며 듣기 위해 〈외로운 가로등〉, 〈비 내리는 고모령〉, 〈황성옛터〉 등을 이미자, 조용필, 장사익의 목소리로 넣었다.

경상도의 우리 어머니 세대들은 아무데나 '얄궂어라'를 썼다. 언짢은 데에는 말할 것도 없고 좋은 상황에도 얄궂어라, 말을 갖다 붙였다. 그런 얄궂은 노래가 있다. 백설희의 〈봄날은 간다〉이다. 어머니 세대들의 경상도 식으로 표현하자면 "얄궂어라, 〈봄날은 간다〉는 안 좋아하는 사람이 없네."라고 말할 것이다. 이 노래를 좋아하지 않는 사람이 거의 없다. "연부운홍 치마아가 봄바아람에 휘나알리더어라~~." 첫 소절부터 어디선가 본 듯한 풍경이 떠오르며 노랫말과 음이 앞뒤 없이 마음부터 처연하게 만든다.

소설가이자 번역가인 이윤기는 두주불사에다 〈봄날은 간다〉를 무지무지하게 좋아했다. 〈봄날은 간다〉 제목의 소설도 썼다. 어느 소설 속에도 주인공 엄마가 툭하면 〈봄날은 간다〉를 시름없이 부른다. 노래가 귀에 못이 박인 주인공이 애창곡으로 부르고 주인공의 주변 인물들이 '역시 도롯도'의 최고라고 상체를 앞뒤로 끄덕이며 박자를 맞춘다. 이 명곡의 마지막 소절은 "야알궂으은 그 노오래에에 보옴나알은 가아안다~~." 하며 얄궂은으로 마무리되고 있다. 얄궂은 일이다.

역시 〈봄날은 간다〉는 많은 가수들이 불렀다. 한영애, 조용필, 이동원, 장사익이 부른 〈봄날은 간다〉를 연달아 입력해 놓았다. 저마다의 개성으로 절창을 한다. 듣는 사람의 가슴을 녹이는 가수들이 절절히 부르는 노래를 한번에 들을 수 있으니 일상의 행복이 그득해진다.

조용필이 〈대전블루스〉를 부른다. 감기에 걸려 목이 쉰 소리로도 심혈을 기울여 부른다. 바쁜 일정 속에서 몸 상태는 돌볼 겨를 없이 녹음을 했을 것이다. 저토록 창자가 송두리째 딸려 나오듯이 열창을 하는 가수는 윤복희, 패티 김이 시작이었던 것 같다. 그 뒤를 이은 가수가 조용필이다. 짧은 동요 한 곡도 성의를 다해 부르는 게 그들의 노래에 대한 자세이다. 지금은 열창을 하는 가수들이 많이 늘어났다.

대중 가수들에게도 암울한 시대가 있었다. 한창 인기가 오르던 조용필은 대마초 사건에 연루되어 하루아침에 활동 정지를 당했다. 가수가 되고 싶어 청소년 시절부터 방황했던 조용필에겐 사형 선고와 다름없었다. 이미자의 고음 처리 장점이 가장 잘 표현되어 있는 〈동백 아가씨〉와 〈울어라 열풍아〉도 인기가 하늘로 치솟고 있을 때 갑자기 멜로디가 일본 노래풍, 왜색이 짙다며 방송과 공연에서 정지되었다. 그들은 청천벽력 같은 일을 속절없이 당했다. 녹록하지 않은 삶에 퍽퍽한 우리 가슴을 노래로 달래주는 그들은 길고 긴 한 맺힌 시간을 견뎌야 했다.

내 좋아하는 음악에는 어느 밤 문득 내다본 고요한 달빛이 들어 있다. 때때로 무릎 세우고 앉아 있는 내 방 창을 흔들던 바람도 있다. 슬리퍼 끌고 두부 사러 가는 굽은 길에 쏟아지던 햇빛이 들어 있다. 비 쏟아지던 어둠과 뜨거운 커피가 식어 가던 시간도 녹아 있다. 밋밋하게 하루를 보내고 저물던 수많은 날들이 있다. 생이 모진 세월로 드잡이하던 그런 때도 섞여 있다. 눈치챌 줄 모르고 금 간 창을 덜컥 열어 마음을 내밀던 내가 그 속에 있다.

빈 들에도 음악은 가득 찰 줄을 안다. 아들과 딸 내외에게 유언도 해 놓았다. 내 명이 다한 날 목탁 두드리는 염불이나 울음 대신 이 음악들을 틀어 달라고 당부했다. 흰 국화 송이보다 색깔 고운 꽃들이 음악과 함께했으면 좋겠다는 말도 덧붙였다.

CD나 테이프를 바꿔 넣을 필요 없이 수많은 곡이 흘러나오니 장거리 운전에도 참 좋다. 옆에 다정한 친구가 앉아 있는 것 같다. 조용필의 〈바람이 전하는 말〉을 따라 부른다. "착한 당신 속상해도 인생이란 따뜻한 거야."

또 꽃잎 몇이 떨어진다.

무명베

오랜 친구의 집 곳곳엔 무명베가 있다. 거실의 소파도 무명천이고 창마다 무명 커튼이 햇살을 감싼다. 침대 커버와 이불, 식탁보도 수놓은 무명으로 만들었다. 거실의 한쪽에 마당으로 면한 넓은 창 앞에 놓인 좌식 탁자에도 작약이 수놓인 무명보가 씌워져 있다. 이곳에 올 때면 정원의 연못이 내다보이는 이 좌식탁자 앞에 자주 앉는다.

전업주부인 그녀는 '대단한' 집안의 조신하고 충실한 맏며느리로 일생 살아오고 있다. 그녀의 낙은 무명베를 구해 집안을 가꾸는 일이다. 그가 평생 건사해 온 조선의 여인 같은 시집살이는, 목화를 심어 베를 짜서 바느질하던 시간들 속에 머물러 있다고 스스로를 정의하며 웃은 적 있다. 자신은 무명베를 보듬지 않을 수 없다고 농담 같은 진담을 했다.

무명베 분위기를 좋아하는 나를 배려한 그녀는 매달 한 번씩 자신의 집으로 초대한다. 나는 손질이 많이 가는 무명베가 버거워서 세탁기에 휘익 돌린 화학 섬유 레이스 천으로 집 안 여기저기 걸어놓은 주제에 그녀의 집에서 누리는 무명베 숨결을 염치도 없이 좋아한다.

어릴 적 겨울 방학을 해서 시골집에 가면 할머니는 무명실을 잣고 계셨다. 고치 쥔 왼손을 들어 실의 굵기를 조절하며 오른손으로 물레를 돌리셨다. 할머니는 당신이 직접 키운 목화로 실을 내어 짠 무명옷을 입으셨다. 잿물을 받아 깨끗이 빤 무명 치마저고리는 정갈했다.

치맛자락을 살짝 걷어 무명베 끈으로 허리를 동이고 집안에서 종일 바지런하게 움직이셨다. 어린 내가 콧물을 흘리면 할머니는 치맛자락을 걷어올려 코를 닦아 주셨다. 홍시며 엿, 주걱떡과 강낭콩

박은 술떡 등이 할머니의 치마폭에서 나왔다. 무명베가 내 영혼의 안식으로 자리하고 있음은 할머니의 무명 치맛자락에서 시작되었을 성싶다.

  그날의 모습을 잊을 수 없다. 초등학교 오학년 때 시골집에서 여름 방학을 보내고 집에 왔을 때 어머니는 동생을 낳아 산후조리를 하시는 중이었다. 태어난 지 삼칠일이 지난 갓난아기를 무릎에 올려 팔베개를 해 주며 나를 향해 환하게 웃으시는 어머니가 무명옷을 입고 있었다. 어머니의 생소한 모습에 깜짝 놀랐다. 화사한 한복과 양장을 세련되게 병행하는 어머니는 무명베와는 상관이 없는 분인 줄 알았다. 무명옷의 어머니가 낯설고 신기해서 자꾸 쳐다보았다.

  화장기 하나 없는 어머니가 무명옷 속에서 단아하게 빛이 났다. 여름 계절에 맞게 얇은 무명으로 한복 속에 입는 속치마와 바지, 저고리를 마름질해 만든 것이었다. 저고리 앞섶에는 무명천을 꼬아 만든 여밈 단추가 붙어 있고 깃버선까지 신고 있던 모습이 잊히지 않는다. 광활한 우주 속에 새 생명을 이루어 맞아들이는 광영의 자리를 어머니는 귀한 비단이 아니고 오직 무명베옷 차림이었다. 생애에서 목숨을 걸고 인간의 역사를 이룬 여인을 무명베가 어질고 고요한 빛으로 받쳐 주고 있었다.

  박수근의 그림 속 여인들은 하나같이 무명옷을 입고 있다. 여인이 아기를 업은 포대기와 동여맨 띠도 무명이다. 앙상한 겨울나무 밑에서도 겨울 코트나 스웨터를 입은 여인들의 모습은 보기 드물다. 〈절구질 하는 여인〉 속의, 아기를 업고 절구질을 하고 있는 여인은 흰색과 검정색 천을 절반씩 이어 붙인 무명 치마를 입고 있다. 온전한 치마 하나를 만들 천이 없는 지난한 집안의 여인이다.

박수근 그림의 사람들이 입은 무명옷은 공장에서 기계로 후딱후딱 짜낸 광목 같다. 그 시절의 공장에서 갓 나온 광목천은 거뭇거뭇한 티가 많은 누렇고 버르르한 질감이었다. 산다는 게 노력 없이 되는 것은 없다는 듯 삼복염천에도 찌는 듯한 더위를 무릅쓰고 푹푹 삶아 방망이로 두드려 빨아야 조금씩 희어진다.

빨아 널어 적당히 마르면 척척 접어 보자기에 싸서 체중을 실은 발로 오래 꼭꼭 밟는다. 웬만큼 눅어들면 다듬이질로 천의 뻣뻣한 감촉을 달래고 올은 올올이 제 기운을 살려 낸다. 박수근 그림의 인물들은 그렇게 손질한 광목옷을 주섬주섬 입고 저마다의 삶을 아득히 살아간다. 그들의 무명베옷에는 정성을 쏟은 일상과 인내로 일궈 온 삶이 세월 속에 점철되어 스며 있다.

무명베가 어우러진 집에서 우리는 수제비를 끓여서 점심을 먹었다. 식사 후에 백자 다기에 차를 담아 마신다. 십오 년도 더 전에 그녀와 내가 가마를 여는 날에 달려가서 한 벌씩 뜨겁게 들여온 다기

일체다. 이 집 뒤뜰로 돌아들면 차 솥이 있다. 뜨거운 솥에서 그녀가 낱낱이 덖고 말려낸 차다. 여섯 번을 우려 담아도 단맛이 돈다. 스물네 살에 시집온 그녀가 시집에서 배운 '소소한' 예삿일들 축에 드는 작업이다. 그녀가 묵묵히 살아온 녹록지 않은 시집살이의 세월을 짐작할 수 있는 한 예다.

그녀가 무명베에 수를 놓으며 그토록 연연하는 것은 목화를 심어 베를 짜내기까지의 부지런함과 인내, 베에서 배어나는 정결함 때문일 것이다. 무명베가 그녀와 많이 닮아 있다. 그녀에게서 나의 할머니와 어머니의 모습을 동시에 본다. 이런저런 얘기를 나누다 지나온 날들에서 뒤채여 뒤둥그러지기도 했던 모진 세월로 얘기가 번지면 우리는 참지 않고 글썽임으로 내비치기도 한다.

나보다 다섯 해 위의 연배인 그녀가 이제 일흔의 고개를 넘어섰다. 지난해에 그녀는 시아버지 상을 치렀다. 이젠 손잡고 밖에서 묵는 여행도 다니자고 약속했는데 요즘 그녀에게 생긴 무릎 관절염이 가슴 아프고 염려된다. 그녀가 관절염약을 먹고 약기운으로 소파에서 잠시 잠이 들면 나는 정원을 내다보며 그녀 곁을 지킨다.

무명베 앞에 앉으면 '더 많이', '더 높이' 같은 욕심이 일어서는 말들이 슬며시 비켜난다. 좀 합당치 못한 친구도 순한 눈매로 바라볼 것 같다. 밖으로만 향하는 마음을 안으로 끌어들일 줄 아는 사유가 찾아들 성싶은 예감에 안심이 되기도 한다. 겉치레에 몰입했던 생각을 나무가 잎을 지우듯 흘려보낸 뒤 일상을 간추려 정돈하고 싶어진다.

생의 단단한 알맹이 하나 쥐어 보지 못한 내 마음이 빈손으로 무명베 색에 내려앉는다. 새하얀 순백색은 마음을 다해 지켜 주고 싶다면 무명베 색엔 지친 무릎을 접고 주저앉아도 거부당하지 않을 것 같다. 삶에서 생채기 난 시린 마음이 가만가만 데워져 온다. 쟁취한 것 없이 다 비어 보이는 색이 무한해 보인다. 무엇에도 얽매이지 않는 빛깔이어서 마음을 세워 어디로 향하여도 될 것 같은 가능성을 일깨우기도 한다. 아늑한 적요감이 외려 조용히 힘을 불러 온다. 무명베는.

그대 꽃이어서

좁쌀 한 알만 하다. 활짝 다 핀 꽃송이가 좁쌀알만 한 채로 분명 꽃이다. 햇빛을 받는 것만으로도 행복한 듯 땅을 밀고 올라와선 가는 줄기에 키도 작다. 흙에 발등을 묻은 짧은 풀들 속에서 고만고만하게 땅에 붙어 얼굴을 내밀고 있다. 바람에 흔들려보고도 싶을 텐데 작고 작아서 그리운 바람이 알은척이나 할까 싶다. 그래도 앙증맞은 보랏빛 꽃이다. 꽃마리 꽃은.

초봄에 조그맣게 피어나는 제비꽃이 예뻐서 봄마다 제비꽃 마중을 간다. 아직 누렇게 바싹거리는 잔풀들을 눈으로 헤집으며 제비꽃을 찾는다. 무르익은 봄에 제비꽃엔 비교도 할 수 없이 작디작은 꽃마리 꽃이 이토록 완벽하고 깜찍하게 피는 것을 이제야 안다. 너무 작아서 잘 보이지도 않는 것이 생명의 존엄함을 똑똑히 가르친다.

이효석 소설 〈메밀꽃 필 무렵〉의 메밀꽃은 그 시대에 귀한 소금과 환치된다. 허생원과 동이가 나귀를 끌고 걸어가던 산허리길이며 산허리엔 온통 메밀꽃 핀 메밀밭이 달빛 아래 고요하다. 글로 읽고 상상했는데 언제나 실제로 본 듯 눈앞에 떠오른다.

꽃을 내내 기억나게 하는 영화도 있다. 영화 〈해바라기〉에는 전쟁에 나가 돌아오지 않는 남편을 찾아 나선 소피아 로렌이 끝 간 데 없이 펼쳐진 해바라기 들판을 만나는 장면이 나온다. 독일군도 죽었지만 독일군에 의해 죽은 이탈리아 군인들과 러시아 군인들, 러시아 민간인 죄수들, 농부들, 노인들, 여자들, 아이들이 아득하게 뻗어나간 해바라기 벌판 밑에 묻혀 있다. 전쟁의 참혹함을 꽃이 떠메고 있다.

아일랜드의 독립운동 시발점이 배경이 되는 영화 〈라이안의 처녀〉에선 아일랜드 교사의 앳된 아내가 점령국인 영국 청년 장교와 사랑에 빠진다. 달밤에 잠옷 바람으로 연인을 만나러 뒷산을 달려

오르는데 백합이 담뿍 피어 있다. 정절을 깨트리고 적국의 남자한테 내닫는 여인의 잠옷도 백합 색이다. 바람에 끊임없이 흔들리던 해바라기며 달빛 교교한 밤의 우아하고 아름답던 백합들이 내내 눈에 밟힌다.

　우리의 꽃 사랑은 면면하고 한이 없다. 지극히 보배롭고 소중함을 의미할 때는 꽃부터 첫머리에 갖다 놓는다. 참 곱다고 느낄 때도 꽃을 가져왔다.

　꽃 같은 자식은 세상에 없이 귀하디귀한 내 자식이란 뜻이다. 최고라고 여기는 것에도 꽃부터 갖다 댄다. 꽃국은 술 단지 속 용수 안에 괸 술의 웃국을 말한다. 술도 귀한 것인데 거기에다 더한 용수에 스며든 최상의 첫국이란 것이다. 꽃물은 꽃잎을 찧어 흘러나온 꽃의 즙인 줄 알았더니, 설렁탕 따위의 고기를 삶아 내어 맹물을 타지 아니한 진한 국물을 가리키는 것이라고 한다. 귀한 음식인 고기에서 우러나온 진국에 꽃을 붙였다.

　할머니는 갓 시집온 새색시를 꽃각시라 했다. 세상에 태어나서 사내가 되어가며 생생하게 휘날리는 깃발처럼 왕성한 힘에도 꽃 자를 먼저 붙인다. 사춘기에 솟아나는 기운을 꽃기운이라 한다. 청청하게 샘솟는 소년의 기상과 힘을 아름다이 이르는 말이다. 구름도 여러 가지 빛을 띠고 고우면 꽃구름이다. 꽃을 아끼는 마음을 담장에도 담는다. 꽃무늬나 어여쁜 무늬를 놓아가며 담을 쌓아 놓고 꽃담이라 부른다.

애지중지하는 꽃을 그냥 지나치지 못한다. 바라보는 것으로만 성에 차지 않아 꽃잎을 놓아 화전을 부쳐 먹고 꽃잎을 넣어 떡을 해 먹으며 꽃 잔치를 했다. 잔치를 화전놀이라고도 하지만 꽃달임이라 한다. 진달래꽃이 필 때 여럿이 모여 꽃을 따서 화전을 부치고 떡을 만들어 먹으며 노는 꽃놀이 이름이 이토록 꽃송이가 송이송이 소복한 모양이다.

그래서인가. 우리나라는 토속 신들까지도 꽃을 매우 좋아한다고 한다. 별신굿에서 무당들이 꽃을 들고 원무를 추며 노래하는 거리가 꽃노래굿이다. 굿 가운데에 가장 예술성이 돋보이는 굿이라 한다.

사람들이 제 모습을 자세히 보지 않고 대충 이름 지어 불러도 꽃마리 꽃은 개의치 않는 듯 한껏 피어 세상을 한 움큼씩 움켜쥐고 당당하다. 꽃이 피어나야 그 자리에 열매와 씨앗이 맺힌다. 우리 생명을 이어가는 데 보탬을 주는 오이, 가지, 참외 등의 맨 처음에 열린 열매를 꽃다지라 한다. 나락도 벼꽃이 진 자리에서 팬다. 결실이 영그는 것이다. 꽃이 피어서 삶이 고리지어진다.

팍팍한 세상살이이지만 꽃 핀 데를 향해선 넋두리도 삼켜진다. 파밭의 파꽃도 비를 맞고 물방울을 머금으면 더욱 귀엽고 복스럽다.

벚꽃이며 복사꽃, 수국, 작약 등 고스란히 피어난 꽃들이 서럽고 눈물겨운 날이 있다. 그게 고단한 내 삶의 설움이란 걸 뒤늦게 알아챈다. 아프게 서서 꽃한테 마음을 앗기는 동안 마음을 추스르며 마른 영혼을 축인다.

헤르만 헤세는 그의 산문집에서 말한다. "꽃이라는 존재가 지닌 고요함과 수수께끼 같은 신비로움을 체험한 것만큼 풍요로워질 것이다. 그대는 고요히 그 꽃에 몰두할 능력이 생길 것이다."

꽃마리 꽃, 그대 꽃이어서 몰입한다. 너를 통해 꽃의 힘을 본다.

고백처럼, 방치한 나를 돌아다본다.

맨 밑에서

욕조 안에서 목욕 의자에 앉아 물을 튼다. 따뜻하게 흐르는 물에 두 발을 내민다. 물줄기는 스스럼없이 발등과 발가락을 쓸어내린다. 발가락들을 위로 향해 발을 세우면 발바닥도 찰찰 물세례를 받는다. 하지만 뒤꿈치는 이미 종아리며 발등을 거치고 내려온 물에 제 몸을 적실 뿐이다. 내가 뒤꿈치를 들고 몸을 틀어 물줄기를 대주지 않으면 어딘가로 거쳐서 흘러온 물에 의지해야 한다. 그렇게 해서 씻기는 것만으로도 좋은가 보다. 뒤꿈치가 물기를 머금고 생기를 띤다.

아파트 단지의 화단가에 천진난만한 정열처럼 타고 올랐던 덩굴장미의 붉은 꽃들이 숨을 눅이고 이울었다. 이어서 뒷동 화단에 수국이 자태를 드러냈다. 진분홍빛과 보라색이 어울려 탐스럽게 아름답다. 오랫동안 피어 있는 중이다. 저물녘에 슬리퍼를 끌고 나가 수국을 보고 온다. 그럴 때 내 뒤꿈치도 뒤가 트인 슬리퍼 위에서 나와 함께 수국을 보기 바란다. 바깥바람도 시원하게 쐬고 꽃도 보라고 일부러 맨발에 슬리퍼를 꿰어 신고 나가는 것이다.

어느 날 갑자기 발바닥이 거칠어졌다. 특히 뒤꿈치에 굳은살이 더께가 앉은 것처럼 두꺼워지고 터실터실해졌다. 허둥지둥 뒤꿈치 씻는 돌과 도구를 사다 문질러 씻었다. 청주를 섞은 따뜻한 물에 불려서 박박 씻어도 굳은살은 떨어져 나가지 않고 각질이 허옇게 너덜거리기만 했다. 피부의 영양 부족 원인인가 하고 세심을 기울인 식단으로 식사도 했다. 뒤꿈치에는 늘 사용하던 전용 크림도 밀어 두고 얼굴에 바르는 '고급' 영양 크림을 듬뿍 발라도 소용이 없었다. 도대체 영문을 알 수 없는 일이었다.

그즈음 어느 용한 분이 만들어 준 음식(약)을 먹고 진단 받은 신장병 증세가 많이 회복되었다. 이상한 일이 일어났다. 시작될 때와 똑같이 어느 날 갑자기 뒤꿈치의 굳은살이 씻은 듯이 사라지고 말끔

해졌다. 이럴 수도 있나 싶었다. 요술을 보는 것 같았다. 지나고 보니 콩팥의 상태가 아주 안 좋은 단계로 치닫고 있었던 것 같다. 썩 좋지 않은 몸속의 건강 상태를 뒤꿈치가 알려 주고 있었다. 그걸 모른 채 나는 엉뚱한 짓만 한 것이다. 그 서너 달 동안 뒤꿈치는 쓱쓱 문질러 대는 뒤꿈치 돌에 시달리며 몹시도 답답했으리라.

야외에서 걷는 일이 있을 때 굽이 있는 신발을 선호한다. 사람들은 편한 운동화를 신고 걷는데 나는 굽 높이가 있는 신발이 더 편하게 느껴진다. 굽이 없는 운동화를 신으면 몸이 뒤로 젖혀지는 것 같고 걸을 때도 보이지 않는 저항을 받는 것 같아 편치 않다. 내 오른발 뒤꿈치의 바깥쪽이 뒤축부터 닳은 신발 모양으로 되어 있었으며 콩팥이 안 좋은 사람에게 나타나는 현상이란 걸 알게 된 건 얼마 되지 않는다. 비정상으로 닳아 해진 운동화 뒤축처럼 기우뚱해진 몸으로 걷기를 감당하느라 뒤꿈치는 저 혼자 안간힘을 쏟았을 것이다.

수국은 건강한 잎사귀와 싱싱한 꽃송이로 잔바람에 쉽게 흔들리지 않는다. 은근히 화려한 모습으로 꽃의 뚜렷한 존재에 대한 기염을 토하러 세상에 나온 듯하다. 수국에 설렌 마음의 연장선이었을 것이다. 지인들과 바다를 찾았다. 유쾌한 웃음을 터뜨리며 바닷가에서 신발을 벗어 들고 모래 위를 걸었다.

여느 때와 같이 뒤꿈치는 걷는 동작에서 뻗어 나온 내 체중이 수직으로 내리꽂히는 힘을 온몸으로 받아 안고 버텼다. 가장 밑에서 맨 뒤밖에 모르는 뒤꿈치를 앞으로 불러내는 마음으로 먼저 바닥에 닿게 하며 꾹꾹 걸었다. 하지만 제아무리 앞서 닿게 해도 뒤꿈치는 언제나 뒤에서만 따라올 뿐이었다.

비누 거품을 듬뿍 낸 목욕 타월로 종아리와 발을 닦는다. 외출에서 돌아오는 즉시 발부터 씻는 습관을 평생 가져오고 있지만, 한 번이라도 발을 위해서 씻어본 적이 없다. 오직 개운해지는 내 기분만을 위해서였다. 만성 사구체 신장염은 사구체의 재생이 안 된다고 했다. 고칠 수 없는 병이라는 진단을 받고 막막한 가슴으로 삶의 저편을 바라다보고 있을 때였다. 너의 콩팥이 이 지경이 되어 있다고 뒤꿈치가 소리 없는 아우성을 쳐 주고 있었다. 더 이상 버틸 수 없이 무너지고 있다고 절박하게 알려주고 있을 때 나는 내 발이 추레해 보이는 데에만 전전긍긍했다.

뒤꿈치를 볼 때면 언제나 내리뜬 눈으로 보게 된다. 눈을 내리뜨고 뒤꿈치를 보노라면 행여, 겸손하여 구석 자리에서 선뜻 나서지 않는 사람을 가벼이 여겨 이런 내리뜬 시선으로 본 적은 없었는지 적이 돌아 보인다.

투석이나 신장 이식 수술 같은 어려움의 근처에도 가지 않고 환자 같지 않게 지내고 있는 건 그 용한 분의 음식(약) 덕분이면서도 나는 자꾸 뒤꿈치가 나서서 걱정해 준 덕도 많다는 생각이 든다. 차갑고 캄캄해서 건너가지 못한 강 앞에 서 있는 것 같던 그 시기에 나와 함께 했던 동반의 존재다.

백석의 시 〈어린아이들〉엔 바닷가의 아이들이 "손가락으로 많은 움물을 팟다가는 발뒤축으로 모다" 메워버리기도 하면서 논다. 손으로 파낸 모래를 파도로부터 지켜야 할 때는 발뒤축이 나선다. 눌러다져서 힘주어 보호하고 싶은 순간에 뒤꿈치가 힘을 낸다. 뒤꿈치는 내 콩팥도 지키고 싶었던 것 같다.

이제는 발을 씻으면서 뒤꿈치한테 말을 건다. 이렇게 말끔하게 있어 줘서 고맙다고 마음을 전한다. 병원에서 정기 검진을 받고 있지만 뒤꿈치가 매일 내 콩팥의 상태를 확인하는 창이 된 지 오래이다. 이를 데 없이 작은 창이 낮고 구석진 데서 동그마니 신호를 보낸다.

나아가는 내 생의 발돋움을 온 힘을 다해 받쳐 준다. 작은 몸, 크나큰 힘으로.

어깨

쇼핑몰에서 젊은 부부가 앞서가고 있다. 아이 아빠는 두 살배기 아기를 어깨 위로 쑥 올려 안은 채 아내와 얘기를 나누며 걸어간다. 앙증맞은 모자를 쓰고 따뜻하게 옷을 입은 아기는 아빠의 어깨에 가슴을 대고 뒤에 따라오는 풍경을 초롱한 눈망울로 구경하고 있다. 아기를 향해 웃으며 손을 흔드니 아기도 방긋방긋 답을 해 준다. 지금 아기에겐 아빠의 어깨가 세상에서 가장 든든한 천국이리라.

어릴 적 아버지가 자주 목말을 태워 주시던 것이 생각난다. 아버지의 어깨에 올라 목말을 타면 하늘에 훨씬 가까워지던 감동과 키가 작아서 못 보던 풍경들이 쓰윽 다가와 어린 가슴이 설레던 순간들을 잊을 수 없다.

남편은 손자들한테 목말을 잘 태워 주었다. 아파트 마당에서 목말을 태우고 비눗방울을 불어 날리게 하면 손자들은 더없이 즐거워했다. 무선 조종 자동차 같은 값비싼 장난감보다 비교가 되지 않게 목말을 좋아했다. 거기엔 단단하고 따뜻한 어깨가 한몫하고 있었다.

어깨는 침묵으로 많은 표현을 한다. 의기소침해진 사람은 어깨가 처져 있고 자신감이 생기면 어깨부터 펴진다. 외로운 사람의 뒷모습은 어깨가 쓸쓸해 보인다. 반듯한 자세의 마무리는 어깨에서 나오고 철없는 깡패의 어깨엔 헛심이 잔뜩 부풀려져 있다.

세상의 짐이 어깨에 다 얹혀 있다. 가장의 어깨 위엔 가정을 잘 끌어가야 하는 짐이 눌려 있고 사장의 어깨엔 회사 경영에 대한 책임이 지워져 있다. 취업 준비생들은 좋은 회사에 취직을 해야 하는 부담감을 책가방으로 어깨에 메고 다닌다. 짐도 어깨가 진다. 남자들은 무거운 짐을 어깨에 올려 옮긴다. 옛날 부두의 노동자들은 배에서 그 많은 짐을 내리는 일을 어깨로 했다. 걸음을 떼어 놓기 힘들 만큼 몸에 부치는 짐을 어깨에 메고 가족의 생계를 책임졌다.

어깨는 유일하게 수평적이다. 오로지 수직적인 사람의 체형에서 단지 어깨만이 수평을 이룬다. 어깨는 더 높아지기 위해 위태롭게 발돋움하며 기를 쓰지도 않을뿐더러 굳이 낮은 데로 기웃거리지도 않는다. 다만, 세상의 움직임은 형평성에 의거해야 한다는 듯 제 부여받은 높이에서 균형에 몰입하여 힘을 쏟는다.

우리는 어깨와 더불어 살아가는지도 모른다. 안정감을 주는 수평의 바닥에 발을 딛고 어깨쯤의 옆을 돌아보면 가족과 친구가 있고 동료도 있다. 내 가족과 오순도순 어깨를 비비며 살아간다. 친구들과는 어깨를 걸고 지낸다. 여럿이 한곳으로 마음이 모아지면 어깨를 나란히 하고 그쪽을 향해 나아간다. 흥겨울 땐 어깨가 들썩이고 흐느끼면 잔물결이 어깨에 인다. 남자와 여자가 사랑할 때 애틋하게 다가서서 뜨거운 가슴의 간격을 최대한 좁힌다. 서로 고유하게 간직해 온 마음결에 입술을 대며 마침내 사랑을 확인하는 순간 어깨부터 꽉 껴안는다.

어깨가 하는 일은 여러모로 다양하다. 오랫동안 입어서 낡아진 티셔츠의 늘어난 목 부분이 흘러내려 한쪽 어깨가 드러나면 여자는 갑자기 관능적으로 보인다. 영화 〈바람과 함께 사라지다〉의 스칼렛으로 분한 비비안 리는 점심시간에 열리는 바비큐 파티에 가면서 어깨를 다 드러낸 이브닝드레스를 입고 나선다. 사랑하는 애슐리에게 매력적으로 보이기 위해서이다. 그 시대 문화대로 오후 세 시 이후에 입어야 한다고 유모가 강경하게 말리지만 스칼렛은 들은 척도 않는다. 시대가 요구하는 예의 바르고 반듯한 숙녀의 이미지에 흠집이 날까 봐 유모는 애가 탄다. 어깨가 자극적 경계선임을 의미하는 것이리라.

그런 요염함은 허름한 셔츠 속에 갈무리하고 어깨는 좌절하고 슬픔에 찬 친구 옆에 가만가만 다가앉는다. 서럽게 무너져 내리는 몸과 마음을 여기에 기대라고, 참담하게 쓰러지지 말고 기대어서 눈물을 쏟으라고 조용히 어깨를 내민다. 최선을 다해 온 너를 알고 있다고, 명징하게 힘주어 살아온 너인데 앞으로 다 잘될 거라며 어깨는 말없이 곁에서 함께 한다. 김선재의 시 〈태양의 서쪽〉, "지구가 내게 어깨를 기대 저물어 갈 때/ 국경의 여인숙은 불을 켜고……."를 읽다 어쩌자고 눈물이 핑 돌았을까.

하늘이 조각나도 제 어깨에 제 몸을 기댈 수는 없다. 의지할 수 있는 어깨는 타인을 위해서만 존재한다. 아무것도 아니게, 사람들이 모두 떠나고 불 꺼진 영화관의 스크린 같은 처지여도 내어 줄 어깨가 둘씩이나 있어 제법 괜찮은 일이다. 내 볼품없는 어깨가 누군가에게 첫사랑처럼 다가갈 수 있겠다 싶어 조금 뿌듯해지기도 한다. 내가 저녁이 오는 길을 갈 때도 어깨는 나와 함께 오래도록 저물어 갈 것이다.

4부

떡메는 늘 그 자리에 있었다

부엌

집을 잃는다는 것은 무엇보다 부엌과 작별을 고하는 일이다. 부엌을 갖지 못하게 되는 것은 생활의 굵은 줄기 하나 꺾어지는 일이다. 부부가 육아를 하고 행복한 가정을 이루기 위해 노력하는 사람들일수록 잘 설계된 부엌을 갖기 원한다. 스스로 안정된 가정을 갖고 있다는 확인을 받는 일은 대부분 가족과 둘러앉은 식탁에서 맛있는 음식을 먹으며 화목할 때이다. 가족이 일상에서 얻는 따뜻한 힘은 부엌에서 나온다.

부엌 식탁에 대게가 쌓여 있다. 연말 송년을 함께 보내기 위해 식구가 다 모였는데 동생이 대게를 몇 상자나 들고 왔다. 대게를 좋아하는 누나 가족을 위해 사 온 것이다. 작년 연말에도 대게 파티를 열더니 올해도 대게를 더미로 쌓아 놓고 포식을 하게 한다. 대게의 달큰한 맛이 가득히 피어오른다. 거기에 쉰 고개를 넘어선 동생이 앉아 있다.

어머니가 들어가신 부엌에선 늘 맛있는 냄새가 흘러나왔다. 조기조림 냄새나 미역국 끓이는 냄새를 맡으며 어머니의 도마질 소리를 듣고 있으면 해가 넘어간 뒤 스며 오는 회색빛도 아늑하게만 느껴졌다. 어머니는 바깥일밖에 모르시는 아버지와 우리 삼남매에겐 행복의 여신 같았다. 어머니가 갑자기 뇌졸중으로 우리 곁을 떠나신 때는 남동생이 중학교 이학년, 내가 스물여섯 살 되던 해였다. 캄캄한 하늘과 땅 사이에 아버지와 우리 형제만 남겨지던 비탄의 시간은 평생을 생생하게 따라오고 있다.

그때까지 결혼 생각이 없던 나는 엄마도 없는 집에 과년한 딸이 둘씩이나 생기게 되었다고 아버지 탄식의 대상이 되었다. 오직 아버지의 근심을 덜어 드리기 위해서였다. 어머니 떠나신 지 육개 월 뒤 임무를 띠고 완수를 척결하는 것처럼 선을 보고 결혼을 했다. 남편의 직장 따라 고향인 부산을 떠나 생판 낯선 타지인 마산에서 신혼살림을 시작했다. 부엌은 나의 살뜰한 환영도 못 받으며 그렇게 다가왔다.

내 신혼의 부엌은 한산했다. 밥은 전기밥솥에 안치면 밥솥이 해주는데 반찬이 없었다. 어머니가 만드시는 걸 본 적 있는 불고기를 더듬더듬 재우는 것밖에 할 줄 아는 게 없었다. 시어머니가 갖다 주신 김장 김치와 불고기, 달걀 프라이, 김이 반찬의 전부였다.

나는 어머니의 음식이 먹고 싶은데 세상 어디에도 없었다. 이 세상에 어머니가 계시지 않은 것이 받아들여지지 않았다. 식욕이 밀려나가고 밥이 먹히지 않았다. 배가 너무 고프면 과일을 조금 먹었고 아무것도 먹히지 않는 날엔 사이다 같은 걸 마시고 잠이 들곤 했다. 부엌에선 설거지 외엔 하는 것이 별로 없었다.

그런 내게 남동생에 관한 얘기가 전해져 왔다. 학교 수업이 끝나면 집으로 돌아오기보다 친구 집을 더 많이 찾는다는 것이었다. 반에서 급장인 아이가 친구 집으로 돌고 있으니 사정을 아는 담임이 자택으로 데리고 갔다. 마음의 안정을 좀 찾을 때까지 데리고 있겠다고 했다. 누나로서 감사의 인사를 드리는데 목이 메어 말을 이을 수가 없었다.

어머니 안 계신 집을 얼마나 견디기 힘들었으면 결코 편치만은 않을 담임 선생님 댁에서 밥을 먹고 그 댁 아이들과 끼어서 잠을 잘까. 문 밖에 찬바람이 불면 담임 댁에서 저녁 먹고 숙제하고 있다는 말을 전화 통화로 들었는데도 동생이 혼자 추운 길바닥에 서 있는 것 같았다.

아침부터 햇살이 유난히 뜨겁고 무덥던 날 참고서와 수련장 넣은 보조 가방을 들고 동생이 어린 새처럼 "큰누나야!" 부르며 대문을 들어섰다. 여름방학이 시작되자 곧장 마산으로 달려온 것이다. 동생은 아장아장 걸을 때부터 나를 많이 따랐다. 거짓말처럼 어머니의 존재가 사라진 집에서 큰누나한테 갈 수 있는 방학만 기다렸으리라. 왈칵 눈물부터 쏟아졌다. 나는 자꾸 흐르는 눈물을 손등으로 닦으며 땡볕 속으로 온 동생에게 밥을 지어 먹였다. 나와 동생의 부엌은 그렇게 시작되었다.

동생이 오면 늘 부엌 식탁에 앉혔다. 무엇이라도 챙겨 먹이고 싶었고 음식을 준비하면서 얘기를 나누기 위해서였다. 어머니가 안 계신 집은 곳곳마다 휑뎅그레했다. 어머니의 음식 냄새가 나지 않는 부엌의 공간은 더욱 막막하고 쓸쓸했다. 그 시대 가정집 부엌에서 흔하게 볼 수 없던 전기풍로와 가스레인지가 배치되어 있고 입식 조리대며 벽과 바닥의 타일이 최선을 다해 반짝이는데도 휑하니 비어 보일 따름이었다.

그래서일 것이다. 엄마 없는 아이가 된 동생을 보면 앞뒤 없이 배가 고플 거란 생각부터 밀려들었다. 식탁에서 의자를 당겨 마주 앉으면 가장 가까운 거리로 얼굴을 많이 볼 수 있었다. 숙제하듯이 한 가지씩 배운 반찬을 만들어 동생에게 밥을 차려 주고 끝없이 얘기를 나누었다. 어머니와 둘러앉아 하루 동안의 소소함을 나누며 장난치던 시간들을 동생과 그런 방식으로 이어 갔다.

동생의 방황은 고등학교에 진학해서도 일 년 넘게 계속되었다. 아버지는 동생이 바깥으로 돌지 않고 집으로 곧장 오게 하는 방법의 하나로 용돈을 조금씩만 주고 있었다. 별것 아닌 호박전을 부치면서도 동생을 먹이고 싶었다. 오늘도 길에서 서성이며 배가 고플 것 같았다.

연년생으로 생긴 두 아이에 매달린 나는 부엌에도 매여 있었다. 식사 준비를 하고 아이들 이유식, 간식을 만드느라 부엌을 맴돌았다. 내가 어설프게 해 주던 밥도 맛있게 먹던 동생 모습이 떠올라 마음의 갈피가 스산스레 일어서면 커피를 타서 부엌 식탁에 앉았다. 부엌에서 커피 한 잔으로 북데기 같은 마음을 쓸어 담곤 했다.

까까머리였던 동생이 쉰을 넘겨 머리가 희끗하다. 식구들이 대게 먹는 모습을 그윽이 바라보고 있다. 언젠가부터 동생은 바쁜 중에도 종종 울산으로 달려와 우리 부부에게 맛있는 식사를 대접하고 간다. 이제 동생이 나를 배불리 먹이고 싶은가 보다. 명절이면 나에게 용돈도 준다. 동생한테 용돈을 받는 것이 쑥스러워서 거절해도 한사코 준다. 누나 오래, 오래 사세요, 진정을 담아 말한다. 저로선 누나를 어머니 대신으로 여겨서일 것이다.

그리곤 엄마는, 엄마는 하며 어머니에 대한 추억을 얘기하고 또 한다. 동생의 나이 열다섯 살 오월에 어머니가 가셨으니까 어려서 기억 못하는 나이를 빼면 어머니와의 기억은 십 년이 채 못 된다. 그마저도 아이 적 일이다. 추억이 쌓였으면 얼마나 쌓였을까. 어리고 짧은 추억을 무한정 반복해서 말하고 말한다.

지금도 동생은 집에 오면 거실의 소파를 두고 부엌 식탁에 앉는다. 오랜 세월의 습관이다. 나는 그 옆에서 음식을 내고 차를 준비한다. 에쿠니 가오리 소설 《냉정과 열정 사이》의 아오이는 그토록 사랑하는 준세이를 잊기 위해 동거하는 남자 마빈의 집에서 부엌에 칩거한다. 집에 있는 동안엔 부엌에서 요리를 하고 식탁에 앉아 책을 읽으며 시간을 보낸다. '지금이라도 당장 소생하려는' 준세이와의 추억을 식기세척기 소리로 지우기도 한다. 그녀는 준세이의 기억과 대치하기 위한 현실의 장소로 부엌을 선택한다.

일상의 생활을 놓아 버릴 수도 없었던 나는 어머니의 기억이 힘겨워 동생을 끌고 부엌으로 들어갔던 것 같다. 동생의 손을 잡고 어머니 그리운 울음을 태우며 부엌으로 움츠러들었다. 어머니 옆구리 어디쯤이라도 되는 듯이……. 그곳에서 어머니의 부엌을 재현해 주고 싶었던 것을 이만큼 세월이 흐른 후에 발견한다. 되돌아보면 어머니의 부엌을 향한 내 서툰 몸짓을 어린 동생이 먼저 이해해 주고 있었던 것 같다. 늘 눈밭 속에서 허리 굽혀 어머니의 추억을 줍는 것 같던 동생이 식탁 너머로 많이 드시라고 눈빛을 보내온다.

전화선을 스친 사람

 왜 이토록 매서운가. 불안하다, 뭘까? 몸을 뒤채다 문득 잠결인 걸 깨닫는다. 부스스 깨어나는 잠을 여러 조각으로 찢으며 사나운 바람 소리가 의식을 향해 달려든다. 숨겨 두었던 분노를 격렬히 터뜨리는 듯한 바람 소리에 벌떡 일어나 베란다로 나간다. 흑, 숨이 막힌다. 꽃보라의 소용돌이가 천지에 난무하고 있다. 아래에서 휘말아 올리는 바람의 서슬에 꽃잎 무리가 거대한 물보라처럼 솟구쳐서 흩

날린다. 호텔의 십이층 베란다까지 폭발하듯 날아오른다.

　꽃보라는 방향을 찾지 못하고 난분분한다. 새벽은 아직 어둠을 밀어내지 못했는데 하늘을 뒤덮은 수많은 꽃잎은 입김 같은 무게로 정신을 잃고 날리며 밀려간다. 벚나무는 송이송이 제 꽃을 흔들어 허공에 내어 주고 있다. 보문 호수를 사납게 훑은 바람은 희번덕거리며 꽃잎을 날린다. 실가랑비에도 가슴이 찔린다더니 가마득한 공간을 아득히 메우는 꽃잎의 무리는 내 가슴을 마구 쑤시고 건드리며 관통한다.

　한순간 몸 깊숙한 데서 무수한 꽃비늘이 터져 나온다. 꽃비늘은 일제히 몸을 떠나 꽃보라 속으로 빨려들어간다. 잠시 후 몸은 껍질만 남는다. 아아, 꽃잎이 나무와 별리하는 속절없음에 나는 껍질로 서서 신음한다. 이윽고 껍질은 생전 처음 울음을 안 것처럼 흐느끼기 시작한다.

　지난봄 경주의 벚꽃이 절정일 때 친구와 보문 호숫가에서 이박 삼일 동안 꽃구경을 했다. 하도 꽃에 환장을 하니까 친구의 남편이 원 없이 실컷 보라며 호텔방을 잡아 친구와 나를 배려해 준 것이다.

　둘째 날의 회오리치는 새벽바람에 꽃잎과 나무의 갑작스러운 이별 모습을 그렇게 보았다. 그 새벽, 바람은 내게 별리의 통곡을 야멸치게 보여 주었다. 여린 꽃잎이 거대하게 덩어리져 회오리치는 광경은 생전 처음 보는 것이어서 충격이 온몸을 후려쳤다.

그렇게 세차게 날리더니 갈 곳이 거기밖에 없었던가. 날이 밝은 아침 바람은 간 데 없고 꽃잎들은 지상에 소복소복 누워서 비현실의 세계 같은 꽃길을 만들어 놓고 있었다. 아깝고 아까워서 아린 가슴으로 애잔하고 아름다운 꽃길을 걷고 걸었다.

자연과의 이별도 그토록 쓰라린데 사람과의 관계는 오죽할까. 때로는 삶이 만남 없는 이별도 경험하게 한다. 내게 그런 이별 한 컷이 지워지지 않고 선명하다.

1970년대 그 시절엔 전화선이 곧잘 혼선이 되곤 했다. 혼선에서의 목소리가 어찌나 또렷한지 둘이서 하는 전화가 아니라 셋 또는 넷이서 통화를 하느라고 음성을 높이곤 했다.

결혼 전 나는 학교에 다니다가 중도에 곧장 회사를 다니던 터이다 보니 한가한 시간을 가져 본 적이 없어 그랬던지 일요일엔 집에 있기를 좋아했다. 어머니가 만들어 주시는 별식을 먹으며 편한 차림으로 책을 읽거나 텔레비전을 보고, 늘어지게 낮잠을 자기도 하며 빈둥거리는 것이 그렇게 좋을 수가 없었다.

1973년 가을의 일요일. 부모님과 두 동생은 휴일을 즐기러 외출하고 집엔 나 혼자였다. 좋아하는 간식은 쟁반에 가득 담겨서 곁에 있고 햇살 머금은 가을바람은 기분 좋게 맨발을 헹궈 주었다. 마루에서 올려다본 하늘은 풍덩 뛰어들고 싶도록 푸르렀다. 전축에선 매력

넘치는 목소리, 해리 베라폰테의 〈눈물 속에 피는 꽃〉이 흐르고 나는 《토인비와의 대화》를 읽고 있었다.

토인비는 그날 나의 지적 허영심을 간질였다. 그때 전화벨이 울렸다. 학교 때의 선배였다. 인사말이 오가고 이런저런 근황을 전하는데 어디서 낯선 젊은 남자 목소리가 뛰어들었다. 여보세요, 여보세요 하며 어딘가로 신호를 보내고 있었다. 우리는 그런 혼선엔 익숙하므로 통화를 계속했다.

선배가 지금 뭐하고 있느냐고 물었다. "지금요? 책 읽고 있었어요." "무슨 책?" "《토인비와의 대화》요." 대답하며 나는 반가웠다. 토인비에 대한 이야기를 한가한 오후에 나누고 싶었다. 내 허영심을 선배가 채워 줄 것 같았다. 선배는 혼선이어서 잘 못 알아들었는지 "뭐라고요? 했다." "《토인비와의 대화》요." "뭐라고요?" 1차 시험을 합격한 상태로 2차 사법 고시를 준비하고 있는 선배는 그 책을 미처 모르고 있는 것 같았다. "토인비요, 《토인비와의 대화》." "뭐라고?" 나는 답답했다. 그러자 난데없이 혼선의 낯선 목소리가 끼어들었다. "《토인비와의 대화》요, 아놀드 토인비 몰라요?"

전화를 끊지 않고 우리의 통화를 듣고 있었나 보았다. 순간 나는 왜 그리도 반색이 되었을까. 누군지는 모르지만 내가 말하고 싶은 것을 알고 있다는 것이 말할 수 없이 반가웠다. 내 지적 헛바람이

전화선을 스친 사람 185

탱탱하게 부풀었다. 상쾌하고 느긋한 가을날의 오후여서일까. 그와의 대화 충동이 뭉클뭉클 솟구쳤다. 맑고 단단한 듣기 좋은 음성이어서 더욱 그랬던가. 그와 간절히 얘기를 하고 싶었다.

선배에게 빨리 전화를 끊으라고 말할 뻔했다. 하지만 통화 도중에 그럴 수는 없었다. 심하게 흔들리는 마음을 가만히 눌렀다. 선배와 마무리 얘기를 하는데 낯선 목소리는 아직도 전화 속에 머물러서 뭐라고 얘기를 하고 있었다. 모른 체하며 나는 전화를 끊었다. 만남도 없이…… 찰나 같이 스치며……. 너무도 아쉬운 이별이었다. 그리고 영원한 이별이었다. 얘기를 나누지 못한 미련일 것이다. 전화선을 스친 그에 대한 그리움은 진하게 남아 있다.

이별엔 그리움이 박혀 있다. 그리움은 끊임없이 자맥질하여 부챗살처럼 사랑의 속살을 일깨워 놓는다. 새롭게 찾아온 것처럼 돋아난 사랑은 이별을 배운 뒤의 만남을 소중히 건사하게 한다. 이별은 만남의 시작이고 다른 모습의 은은한 사랑이다. 홀로 흐느끼게 하고 그 끝에서 자기성찰에 닿는 법을 배우게 한다. 사랑과 성찰을 동시에 만나게 하여 눈치채지 않게 새로운 만남을 그윽하게 껴안을 줄 알게 한다.

이별은 헤어짐만으로 끝내지 않는다.

이별을 알뜰히 배운 사람은 만남을 견고히 한다.

바람 부는 날에

아파트의 앞 베란다는 누군가 야멸치게 싹둑 잘라낸 것 같이 아예 없었다. 안방 창문이 하늘에 적나라하게 노출된 채였다. 여름날 갑자기 소나기가 쏟아지면 창 쪽으로 놓은 텔레비전에 비가 들이칠까 봐 부리나케 창문을 닫아야 했다. 알루미늄 새시에 불투명 유리를 끼운 현관문은 방범이 허술해 보였다.

거실을 사이에 두고 안방과 작은방이 나뉘고 밖으로 난 주방문을 열고 나가면 집 뒤쪽으론 좁다란 베란다였다. 그 끝에 연탄창고가 붙어 있었다. 연탄보일러 시설이 내장되지 않은 거실엔 겨울 내내 석유난로를 켜야 했다. 서른 몇 해 전 울산으로 이사와 들었던 아파트이다. 울산엔 아파트가 별로 없던 때여서 감지덕지하며 둥지를 틀었던 데다.

　욕실은 세탁기나 놓고 물을 받아쓰는 욕조만 있을 뿐 휑하니 서늘해서 샤워를 할 수 없었다. 여름이면 밖에서 뛰어놀고 땀을 흘리며 들어오는 아이들을 목욕시키기 위해 매일 주방에서 커다란 들통에 물을 데워 낑낑거리며 욕실로 옮겨야 했다.

　가장 심란스럽던 건 겨울 초입에 겨울 동안 쓸 연탄을 들이는 일이었다. 연탄 넣는 날이면 현관문과 뒤 베란다로 통하는 주방문을 활짝 열어젖혀야 했다. 연탄 가게 사내는 연탄을 지고 신발을 신은 채로 거실을 지나 주방을 거쳐 연탄창고에 연탄을 쌓았다. 그럴 때면 바람이 때를 만난 듯 맞바람을 치며 온 집안에 연탄 가루를 휘날렸다.

　사내가 딛고 다니는 바닥에 빈틈없이 신문지를 깔고 집안 곳곳을 신문지로 꼼꼼하게 덮었지만 휘몰아치는 겨울바람을 타고 연탄 가루는 날쌔고 잽샀다. 가구며 구석구석에 날아들어 새까맣게 자리를 잡았다.

거기에다 가관인 것은 연탄을 다 넣을 때까지 연탄 사내의 투덜거림이 연탄가루와 뒤섞여 끝없이 날아다녔다. 연탄을 지고 사층까지 오르내리기 힘들고 귀찮다고 지청구가 늘어졌다. 조용히 할 일을 하고 있으면 어련히 차와 간식을 낼까. 수고해 주셔서 고맙다고 식사도 대접할 생각이었다. 사내는 온갖 불평을 해대며 앞질러서, 뜨거운 커피를 끓여 내고 휴식 시간에 때맞춰서 딱딱 간식을 내놓으라고 대놓고 요구했다.

우리 집에선 연탄 사내의 무례함이 훨씬 덜하다는데도 나는 마음이 어수선해지고 피로감이 왔다. 우리 앞집에선 연탄을 넣다 말고 한마디 말도 없이 어디론가 사라져선 한참씩 안 오기도 한다는 것이었다. 심지어 연탄 넣던 도중에 피곤해서 쉬어야겠다며 안방 문을 열고 들어가 침대에 걸터앉는다고 했다. 동네에서 연탄 가게가 하나뿐이라는 점을 이용해 사내는 파렴치한 행태를 일삼았다. 얘기로 듣기만 해도 기가 막혀 화를 참을 수 없을 지경이었다. 그럴 때면 그 집을 벗어나고 싶은 심정이 활활 타올랐다. 그 집에서 오 년을 살았다.

적합한 위치에 가스보일러로 난방 시설 잘 갖추어 번듯한 아파트를 짓는다는 소문을 듣고 달려가서 분양을 받았다. 연탄 사내를 안 봐도 된다는 게 그렇게 반가울 수가 없었다. 칠 년 후에는 넓어진

평수만큼 행복이 확장이나 되는 듯 착각하며 더 넓은 아파트로 분양 받아 옮겼다.

때때로 삶에 함께한 시간을 뒤로 젖혀서 쟁여둔 세월이 기웃이 일어서는 때가 있다. 멀리 밀려간 묵은 시간들이어서 외려 어느 한때가 분명하게 떠오르곤 한다. 연탄을 들이는 날이면 온종일 괴롭기만 하던 그 집의 시절이 뜬금없이 그리운 것이다.

난리를 치르듯 연탄을 들이고 김장까지 하고 나면 겨울 채비가 다 된 안도감이 따스하게 밀려왔다. 절임 배추를 파는 데가 없던 그때는 밤잠을 설치며 집에서 배추를 절여 김장하는 일이 예삿일이 아니었다. 김장도 해서 갈무리하고 따뜻한 이불 속에 발을 넣고 아이들과 오순도순 감귤을 까먹노라면 입안 가득히 행복의 향기가 차오르며 유난히 맛있었다.

되돌아보니 알몸뚱이로 견디는 것 같이 딱하게만 여겨지던 안방 창문이 소통의 통로 역할이 되고 있었다. 아파트 마당을 지나고 있으면 어느 집에선가 커피 마시러 오라고 손짓하던 것도 그 얄팍한 창문을 통해서였다.

김장거리 배추를 사서 들여올라치면 어느새 이웃들이 마당으로 난 창문으로 낌새를 알아채고 각자 칼을 갖고 나와 마당에서 다듬어 사층 우리 집으로 옮겨 주었다. 나는 절이기만 하면 되었다. 다음날 오전엔 당연한 일인 듯 이웃 주부 서넛이 제가끔 앞치마와 고무장갑을 챙겨서 온다. 좋은 솜씨로 양념을 버무려서 둘러 앉아 김장을 척척 해 준다. 그러는 동안 나는 무, 콩나물 넣은 소고깃국을 끓여 배추속대 버무린 것을 놓고 밥상을 차린다. 김장을 후딱 해치우고 뜨끈한 국에 갓 버무린 생김치를 얹어 밥을 먹고 과일을 깎아 차를 마시며 정답던 아파트다.

그때는 태풍이 오면 꼭 정전이 되었다. 촛불을 켜고 비탈에 선 나목처럼 매섭게 몰아치는 바람에 맞서 앙버티는 창문을 걱정했다. 잠을 못 이루고 남편과 고추장에 마른 멸치를 찍어 맥주를 마시며 세차게 흔들리는 밤을 지켰다. 두런두런 얘기를 나누며 창문이 바람에 떠는 소리에 귀 기울이곤 했다.

베란다에까지 창문을 달아 소음을 차단하고 집 안의 보온성을 높이면 삶의 질이 높아지리라고 생각했다. 조용하고 따뜻한 거실에 앉아서도 자주 생각나는 것이 있다. 태풍 치는 밤에 방 안의 우리를 필사적으로 보호하듯 달랑 매달린 연탄 아파트의 창문이다. 창을 통해 전해져 오던 생생한 바람소리, 빗소리가 그립다. 자연에서 걸러지지 않은 바람이 지나가는 소리며 보슬비 내리는 소리가 얼마나 우리 정서를 웅숭깊게 하는지 얇은 창문 곁을 떠나고서야 알았다.

집이 작고 얇은 만큼 이웃과의 친밀한 정은 두터워지고 바깥의 기척이 가까웠다.
 이런 바람 부는 날에 얄따란 창이 안간힘 쓰듯 막아 주는 방 안에서 느끼던 보금자리가 더욱 아늑하고 소중했다.

음식점

    초복에 복달임을 하느라 남편과 삼계탕식당을 찾았다. 종종 가는 우리 동네 삼계탕집엔 이미 사람들이 줄을 서 있었다. 약간의 인내심을 발휘하여 아직 그리 길지 않은 줄의 꽁무니에 섰으면 되었으련만 유난을 떨며 옥동을 지나다 본 삼계탕식당으로 가자고 남편을 부추겼다.
    처음 와 본 옥동의 한 삼계탕집은 삼계탕 본연의 맛은 간 곳이 없다. 연갈색 국물 속에 들어 있는 건더기는 분명 닭고기인데 알 수 없는 한방 약재 맛뿐이다. 삼계탕이라면 들어 있어야 할 인삼 조각 하나 보이지 않는다. 인삼이라고 흉내만 낸 손톱만 한 조각일지라도 음식을 먹는 사람은 식당 주인의 성의를 전해 받는 것이다.

　삼계탕의 재료는 어린 햇닭이어서 살이 연할 터인데 고기마저도 퍽퍽해서 입맛이 멀찌감치 달아나버린다. 한방 약재인 당귀나 황기 등을 넣으면 외려 국물이 시원하고 맛있어진다. 닭에다 무슨 한방 약재를 넣었기에 애매한 약내만 나고 닭 맛은 오리무중인가. 약내로 에워싸인 삼계탕에 적응을 해보겠다고 찹쌀죽을 몇 번 떠먹는 게 고작이다.

　옛날 시골집에서 할머니가 끓여 주시던 닭백숙 맛은 잊을 수가 없다. 닭백숙은 닭과 저민 마늘만 넣고 끓여도 닭의 잡내가 가시고 맛이 있었다. 연하면서도 쫄깃한 닭살이며 국물 맛은 최고의 별미였다. 별 무리가 쏟아질듯 내려앉는 여름밤, 모깃불 놓은 마당에 멍석을 펴고 할아버지, 할머니와 온 가족이 둘러앉아 먹던 닭백숙과 삼계탕의 추억은 잊히지 않는다.

　우리가 자주 가는 삼산동의 삼계탕식당은 특별한 때가 아닌 평일에도 손님들로 붐빈다. 항상 우리 기억에 남아 있는 반가운 맛이 그 집의 삼계탕엔 녹아 있다. 사람들이 줄을 서서 기다리면서까지 먹는 이유일 것이다.

초복은 지치기 쉬운 여름 더위에 몸을 보하기 위해 특별히 어린 햇닭에 인삼, 마늘, 대추, 찹쌀 등을 넣어 삼계탕을 먹는 우리 고유의 세시 풍속이다. 삼산동의 식당은 찹쌀죽이 소복한 삼계탕 한 뚝배기로 풍속 명절 기분이 나게 한다. 반찬에 곁들여 나오는 닭 모래주머니볶음과 즉석에서 볶아 먹는 닭불고기를 맛보는 소소한 재미도 있다. 같은 가격인데 달랑 삼계탕 한 그릇만 나오는 이 집과 달리 맛을 볼 수 있는 곁들이 음식들이 식탁에 오른다.

삼계탕에 인삼주가 따라 나오던 시절의 추억을 잊지 않고, 소꿉같은 앙증맞은 잔과 술병도 나와 정다운 대접을 받는 느낌이다. 소주를 마시진 못하여도 식탁 위에 자리하고 있는 귀여운 술병과 잔을 바라보며 삼계탕을 먹노라면 마음이 넉넉해진다. 늘 그 자리에서 손님이 즐기는 음식을 변함없는 맛으로 맞아 주는 일은 익숙함과 편안함을 준다.

시인이며 소설가인 성석제의 산문집 《농담하는 카메라》엔 J면의 가장 오래된 중국음식점이 나온다. 고희의 나이에 가까운 주인이 있고, 음식점 이름은 없는 그 집은 장날에 방이 가득 찬다. "하루에 한마디나 할까 말까 한 과묵한 주인이 손으로 밀가루 반죽을 탕탕 쳐서 면을 뽑는 동안 손님들은 기다리고 있을 수밖에 없다. 한꺼번에 수십

인분씩 면이 뽑혀 나오기 때문에 손님들도 한꺼번에 음식을 먹고 한꺼번에 일어나고 한꺼번에 앉아 기다린다." 일상 속에서 사람과 사람 사이의 이해하고 소통하는 힘이 그보다 더한 데가 있을까 싶다.

친구와 나는 한결같이 신의를 지키고 꾸준한 사람을 좋은 사람이라고 표현한다. 좋은 사람엔 최상의 찬사 의미가 내포되어 있다. 자신이 하는 일에 최선을 다해서 많은 사람들을 행복하게 하는 사람은 참 좋은 사람이다. 아무 때나 가서 큰 부담되지 않는 가격으로 맛있는 음식을 먹을 수 있는 대중식당 주인 또한 '좋은 사람'이고 친근한 이웃이다.

'좋은 사람'은 혼자서 다짐한 맛과의 약속을 스스로 지켜 음식을 낸다. 오로지 이윤이 목적인 영업의 장에서 그보다 먼저 음식에 신의를 담아 놓는다. 손님들이 줄을 서서 기다리는 것은 그의 신의에 대한 존중이다. 햇볕 쨍한 더위를 무릅쓰고 문 앞에서 차례를 기다리는 손님들은 신뢰를 교감하는 것이다.

완강한 빌딩숲으로 둘러싸인 도심에서 살다 보면 맛있는 음식을 편하게 먹을 수 있는 대중식당에서도 피로한 심신의 위안을 받는다. 삶에 휘둘리기도 하며 살아가는 서민들에게 따뜻한 음식으로 허기를 달래주며 시들해진 활기를 되찾게 하기도 한다. 그 집의 음식엔 열심히 일하여 어렵게 번 돈을 들고 찾아오는 손님이, 식사 한 끼로 삶을 위로받고 싶은 속내를 헤아린 주인의 배려가 깃들어 있다. 한 그릇의 음식에서 주인의 무던한 마음이 전해져 오는 식당엔 사뭇 정이 간다. 음식점이 도시의 친숙한 지름길처럼 소통의 길을 낸다.

"그 집의 짜장면을 먹을 때마다 여기서 사는 게 행복해져." 귀농한 사람들 중의 몇이 그렇게 말하는 J면의 그 음식점에 가서 '한꺼번에' 앉아 기다리는 사람들 속에 껴들어 자장면을 먹고 싶다. 생전 처음 J면에 도착해서 여기저기 기웃거리지 않고 곧바로 찾아가야 할 데가 있다면 이미 낯모르는 곳이 아닐 것이다.

생활을 이어가는 일에 바빠 일상이 모호해진 서민들은 그냥 소심해져서 외로워진다. 목젖이 칼칼한 그런 날에 전화를 하고 싶지만 급급하게 사는 것이 비슷한 친구의 처지를 잘 알고 있는 터여서 홀로 견뎌 보기로 마음먹는다. 어깨에 쓸쓸한 저녁을 드리운 채 문을 연 식당에서 입맛 도는 한 끼 식사를 대하면 어느새 아득한 표정이 걷히고 해맑아진다. 먹는 것에서 힘을 얻는 것일까. 김이 나는 음식을 맛있게 먹고 만족감이 들다 보면 세상의 지질한 것들에 흘끔거리지 않으리라, 한층 분명해진 자신감이 생기기도 한다.

사느라고 여념이 없는 고단한 사람들은 따뜻한 음식점에도 마음을 기댄다. 길에서 문을 열고 들어간 식당의 음식에다 정을 붙인다. 거기에서 스스로 삶의 응원을 얻곤 한다.

영산암에 가다

　맞춤한 막돌을 놓아 포갠 돌계단이 우거진 나무 사이로 나 있다. 무심히 발길을 얹어 보라는 듯 강요하는 데가 없어 보여 가볍게 딛고 오르면 우화루가 있다. 절집의 초입 외관인데 언제 봐도 정겨움이 인다. 가운데에 난 입구 위 누마루가 만든 공간으로 안쪽 풍경이 슬쩍 보여 허물없이 다가오는 느낌이다. 들어가는 어귀를 사이에 두고, 왼쪽 외벽에 어느 고가에서나 볼 수 있는 조그마한 창문으로 세살창호 쌍창 둘이 나란하고 오른편엔 역시 왼편과 똑같은 세살창호 하나와 나지막한 독창호가 나 있다. 창호지 바른 작은 창호들이 예뻐서 집의 다정한 속내 같다. 집에서 배어 나오는 온화한 속살거림처럼 정이 간다.

석가모니가 영축산에서 처음 법화경을 설할 때 하늘에서 꽃비가 내렸다는 데서 연유한 우화루. '우화루' 현판이 붙은 절엔 고승만 있을 수 있다고 하던가. 우화루 아래로 나지막한 정문을 들어서면 아담한 마당 돌계단 몇 개 위 응진전이 단아하다. 작은 석등 하나 앞세운 채. 검게 변색된 세살청판분합문에 세월이 묻어나고 정자살문이 찬찬하여 얌전하다. 흔치 않게 주불전인 응진전 앞에 툇마루가 나 있어 절집 같지 않다. 반가의 고가 친척집인 듯싶다. 안동 봉정사가 간직하고 있는 암자 영산암이다.

영화 〈달마가 동쪽으로 간 까닭은〉의 장소 봉정사와 영산암. 영화 속 캄캄한 밤 절간의 외짝 문에 반히 불빛 하나 새어 나오던 고적감. 문살 가지런한 방문 너머 등잔 켠 방 안에선 노스님이 실을 걸어 동자승의 이를 뽑는다. 산사의 먹빛 어둠 속 창호에 발가니 고즈넉하던 불빛은 꺼뜨릴 수 없는 생의 등불로 새겨진다. 숲을 쓸어 가는 바람결에 무수한 나뭇잎들 몸서리치며 나부끼고 큰스님은 마루에 앉아 적요히 차를 마신다. 노승의 마음자리에 마음이 자리한 듯 아닌 듯 고요한데 차향은 나뭇잎 흔드는 바람 소리에 스민다.

오래전 삼십 대 중반을 넘기며 본 〈달마가 동쪽으로 간 까닭은〉은 너무도 아름다웠다. 영화를 보고 봉정사를 알게 되어 영산암을 찾았는데, 산에 안겨 있는 암자를 본 순간 단박 마음에 들어앉았다. 우화루가 누마루로 트여 산 풍경을 당겨 놓고 송암당, 관심당은 붙어 앉아 어깨를 비비며 응진전과 오순도순 앉은 영산암은 어여쁜 산 집이었다. 종교엔 별 관심을 두지 않으면서 절집에 마음을 빼앗겨 생각날 때 오곤 한다.

흔히 마음을 비우라 하고 마음을 내려놓으라고들 한다. 쓸데없는 욕심을 가시게 하여 마음자리를 닦아 복된 마음으로 살라는 말이다. 하지만 어디 말처럼 쉽게 되는 일이던가. 삶에 부대끼며 한세상 살아 보겠다고 생에 대한 나름으로 구상하여 쟁여 둔 것을 벗어 내는 일이 그리 만만하던가. 마음속을 헤적여 보면 소중하게 여며 둔 것들이 애면글면 살아온 흔적 같아 슬픔처럼 애틋하다. 선뜻 부려 놓지도 못한 못난 마음을 들고 영산암에 오면 절간 같지 않은 절집이 아늑하게 다가와 어리석은 집착도 위로를 받는다. 소박하고 어여쁜 절이 모습만으로 마음을 다독여 준다.

병이 들어 잘 낫지 않는 사람에게 병줄을 거둘 수 있게 약을 만들어 주기도 하는 어느 수행 깊은 분이 말했다. 마음을 편안하게 가져야 몸의 병도 덜 찾아오고 항상 맑은 마음으로 옳은 판단을 하며 살 수 있다고…….

―복잡하고 팍팍한 삶에 어떻게 항상 편한 마음만 가질 수 있습니까?

―흩어져 있는 마음을 하나로 모으면 되지요.

―마음을 어떻게 하나로 모읍니까?

―심장과 콩팥을 합치면 마음이 하나로 서지요.

―심장과 콩팥은 서로 멀리 떨어져 있는데 어떻게 하나가 되게 하지요?

―신체의 윗부분과 낮은 데를 만나게 하면 되지요.

―?……

―아, 합치게 하는 자세가 있네요. 절에서 절을 하는 자세이지요.

―?……

―맨 위쪽에 있는 머리를 제일 높이 세웠다가 가장 아래로 낮추어 발이 딛고 있는 맨 밑바닥에 닿게 할 때 심장과 콩팥이 합쳐지지요.

―아! 절에서 절을 시키는 건, 마음을 낮추고 겸허함을 배우라는 것만이 아니군요. 여러 백 번의 절을 해서 마음을 하나로 이루게 하는 행위이군요.

언뜻 선문답 같던 대화가 떠오른다. 사람들이 절을 찾아 수없이 절을 하는 오묘한 뜻을 그때 알았다.

　대사, 말이 없는 영화 〈달마가 동쪽으로 간 까닭은〉의 빼어난 영상미에 반해 버렸다. 눈먼 어머니를 속세에 두고 비구승이 되어 고뇌하던 기봉 스님이 채비를 하고 나서는데 동자승은 "스님 어디로 가십니까?" 하고 묻는다. 기봉은 말없이 붉게 타는 먼 노을을 향해 이마에 손을 얹는다. 아무것도 돌아보지 않고 성큼성큼 노을 속으로 떠나간다.

　영화 한 편을 본 관객의 느낌은 저마다 감상 통로가 다를 것이다. 절을 배경으로 두 스님과 동자승이 나오는 〈달마가 동쪽으로 간 까닭은〉은 우리가 세상을 살아가는 힘은 스스로 마음을 돋우어 얻는다고 생각의 내면에 대하여 말하는 듯하다. 삶이 주는 번민 속에서 절집은 선한 마음을 넓히고 어진 마음을 마음자리에 잘 앉히는 일을 도와주는 데라고 내보인다.

　아니 그것마저 번뇌를 일으키는 쓸데없는 것이라고 영화는 행간으로 말한다. 애착하는 마음을 떠나보내라 한다. 애초에 아무것도 없었다고 먹물을 쏟아 부은 듯한 까만 밤, 바람 소리 몰려가는 산사의 적막들로 화면이 전한다. 큰스님의 조용한 입적이나 기봉 스님의 떠나는 발길과 그저 지켜보며 아무도 붙잡지 않는 어린 동자승마저 처음부터 있지 않았음을 비유한다. 아무것도 없는 무에 스며드는 것은 애착으로 얽힌 삶이 꽉 들어찬 세상이라고 영화는 다시 핏빛 노을을 화면 가득 채워 넌지시 이른다.
    삶에 치여 갈래갈래 갈라진 마음을 얼마나 엎드려야 하나로 모아질까. 이미 막막함이 앞선다.
    산사가 아득한 마음부터 토닥여 준다.

너의 기억을

　기분 좋게 '잘간다야!' 부르곤 하다 이름이 되었다. 함께해 온 시간이 겹겹이 드리워 있다. 내 삶의 어혈을 같이 견딘 사이다. 부실한 몸에 그마저 기운이 빠지면 허망하고 허망해서 먼 데로 눈길을 보내고 있을 때에도 잘간다는 내 곁에 있었다. 오랜 세월을 나는 운전하고 저는 달렸다. 저와 같이 길을 나설 때면 나는 저만 믿고 저한테만 의지한다는 걸 다 안다는 듯 묵묵히 달려간다. 일 년 이 개월 동안 울산에서 경기도 일산까지도 우리는 깊은 상념처럼 달렸다. 덕분에 내 신장병이 많이 회복되었다.

조용하고 얌전해 보이지만 신장병은 괴팍스럽다. 제 실체를 오래도록 숨긴다. 이십 년이 지나서야 정체를 드러내서 겨우 병명을 알 수 있었다. 병원에선 신장의 사구체는 재생될 수 없어 못 고친다고 했는데 '용한 분'은 좋아질 수 있다고 했다. 회복을 확신하는 그는 경기도 일산에 살고 있었다. 양의사나 한의사의 자격증을 갖지 않고 만드는 것이므로 약이라고 할 수 없고 음식이라 한다고 했다. 그의 음식을 먹기로 작정한 것은 진맥을 잘 본다고 느꼈기 때문이다.

엄청나게 고가의 음식을, 가계경제를 탕진하며 먹은 후에 효과를 얻지 못하면 속절없이 감수해야 할 허탈감이 두려웠다. 남편은 깊게 생각하지 말고 일단 먹어 보라고 권했지만 나는 주저되었다. 판단은 오롯이 나 혼자만의 것이 되었다. 정확한 판가름을 해야 했다. 주전 바다를 몇 번이나 찾았다. 홀로 넘실대는 바다를 하염없이 바라보며 생각을 하고 또 했다. 잘간다는 그런 나를 지켜 주듯 우두커니 서 있었다.

한 달 분량의 음식을 만들 때마다 진맥을 하고 맥의 흐름에 따라 즉시 약재를 배합하면 훨씬 병세에 효과적이라는 용한 분의 말에 매달 일산의 연구실까지 다니기로 마음먹었다. 맑은 수돗물 같은 한

달 분량의 음식 무게가 무거웠으므로 잘간다와 동행하여 실어 오기로 했다.

나는 내가 알고 있는 고속도로 중에 100번 서울 외곽 순환 고속도로가 제일 번잡하고 사납다고 간주한다. 잘간다와 울산에서 출발해 1번 경부 고속 도로를 달리다 문산에서 100번 서울 외곽 순환 고속 도로로 진입해야 일산으로 갈 수 있다. 해질녘의 100번은 갈 때마다 긴장감이 엄습한다.

남편이 운전을 하겠다고 완강했지만 일에 바쁜 그를 가능한 한 방해하고 싶지 않았다. 잘간다를 몰고 매달 일주일씩 서울의 아들에게 밥을 해 주러 다니던 터여서 나의 장거리 운전은 새삼스러운 일이 아니기도 했다. 혼자 갔다 올 수 있다며 걱정하지 말라 하고 나선 것을 100번 도로에선 후회를 한다.

일산에서 중류수로 뽑은 음식을 받아 싣고 잘간다를 몰고 나서노라면 여지없이 100번 고속도로에 들어서야 한다. 어느새 해는 넘어가서 사방은 회색 어둠이 내리고 나는 모진 곳에 들어가는 느낌이다. 산더미 같이 짐을 실은 갖가지 종류의 크나큰 트럭들과 자동차들이 서로 뒤질세라 빽빽하게 늘어서서 각박하고 맹렬하게 달린다. 치열한 삶의 그악스러움 같아 위압감으로 주눅이 든다. 나는 오직 잘간다만 믿고 운전대를 꼭 쥘 뿐이었다.

100번 도로가 끝나면 널따랗고 길게 쫙 펼쳐진 다리로 이어진다. 세상의 차들이 그곳에만 모여든 듯 복잡하게 달리고 밀리며 혼잡스럽다. 길눈에 젬병인 나는 여러 갈래로 그어진 차선들 중에서 내 차선을 놓치지 않으려고 내비게이션이 시키는 대로 송두리째 정신을 집중한다.

　그런 와중에 잠시 눈을 돌리면 오른편 저 멀리 길게 뻗어 나간 다리의 가로등 불빛을 품고 보라색 노을이 끝없이 펼쳐져 있었다. 분홍 노을을 뭉개며 짙어가는 보랏빛 노을은 아름답지만 무심해 보이고 쓸쓸했다. 예뻐서 아득한 가로등 불빛은 내가 기억하지 못하는 그리움까지 묻혀 사무쳐 왔다. 눈물이 핑 돌았다. 덮쳐드는 두려움을 부둥켜안고 달리느라 좁아든 가슴이 몹시도 외로웠다. 자칫 나가는 차선을 놓칠까 봐 조바심치며 북적거리는 다리를 빠져나오면 잘 간다의 핸들을 기도처럼 움켜쥔 채 안도할 수 있었다.

　일산에서 음식을 갖고 아들이 사는 서울 종로에서 하룻밤 쉬고 울산으로 온다. 햇빛알레르기가 심한 나는 장거리 운전에선 밤길을 많이 택한다. 해 질 무렵은 퇴근 시간이므로 종로에서 경부 고속 도로 초입까지는 차가 북새통으로 밀린다. 차라리 밤 열 시 넘어서 늦게 출발하는 게 나은 편이다.

　고속 도로 휴게소도 새벽 세 시가 가까워지면 인적이 드문드문해지고 가게의 불빛들이 꺼져 황량하게 깜깜하다. 화장실 가는 길은 이미 어둑하고 화장실 안에도 최소한의 등만 켜져 있으므로 무서워서 화장실 사용은 단념한다. 휴게소 바로 앞의 불빛이 제일 환한 곳에 잘간다를 세운다. 몇 걸음이나마 다리 운동을 하기 위해 휴게소에 들어가 피로 회복 음료를 사서 나오면 싸한 새벽바람 속 잘간다가 거기에 있다. 세상천지에 저와 나뿐인 것처럼 반갑고 든든하다.

그날은 유난히 커피와 피로 회복 음료로도 잠이 떨쳐지지 않았다. 할 수 없이 휴게소에 들어가서 승용차가 많이 주차되어 있는 데로 끼어들어 잘간다를 세우고 잠시 눈을 붙였다.

무심결에 어떤 느낌을 느꼈던 것일까. 퍼뜩 눈을 뜨니 시커먼 남자가 잘간다의 앞 유리에 커다랗게 붙어 안을 들여다보고 있었다. 얼마나 섬뜩하던지 소리도 못 내고 부리나케 시동을 켜고 휴게소를 빠져나왔다. 남자가 팔을 휘저으며 뭐라고 소리치고 있었다. 잘간다만 믿고 달렸다. 곤두박질치듯 가슴이 떨렸다. 컴컴하고 막막한 데에서 숨이 막히는 공포의 순간에 잘간다만이 애오라지 나의 보호막이었다.

이대흠의 시 〈그리고 나는 떠난다〉는 아름답다. 시인은 건축이 끝난 아파트의 공사 현장을 떠나며 "오래 만지면 영혼이 생긴다는 것을 나는 알았다."고 완공된 아파트에 못내 사랑을 보낸다. 현장

일을 하며 공사에 사용한 모든 것, "파이프를 자르다 부러졌던 쇠톱 날들."마저도 "너희는 아름다운 나라로 가서 다시 태어나야 하리라." 하며 살뜰히 보듬는다.

자동차도 나이를 먹으면 노쇠해지는 것이 나처럼 숨을 쉬고 마음을 간직했을 성싶다. 저 혼자 생각이 깊어져서 조용히 세상의 가장자리로 낡은 몸을 기울이는 것 같다. 삶의 고비를 함께 넘기며 내 고독한 시간들을 알고 있는 잘간다와 오래도록 같이 하고 싶다. 힘들고 고단할 때 함께 했기에 서로에게 물들며 영혼을 풀어냈다고 여긴다.

나는 아직 너를 보내지 못한다.

너의 기억을 더 많이 새기려 한다.

떡메는 늘 그 자리에 있었다

　프라이팬에 들기름을 두르고 냉동해 뒀던 인절미를 넣고 뚜껑을 덮어 아주 약한 불로 둔다. 옛날에 할머니는 전통 방식으로 인절미에 엿을 한 치쯤 꽂아 넣어 화롯불에 올려 뭉근히 구워 주셨지만 나는 프라이팬에 구워서 조청에 찍어 먹기로 한다. 간단하게 상을 차릴 동안 떡은 잘 구워져 있을 것이다.
　가을비가 난데없이 장대로 퍼붓는다. 아침상을 차리는 시간인데 하늘은 컴컴해서 저녁때 같다. 이런 아침엔 늦잠이나 자고 싶고 식욕도 당기지 않아 떡을 구워 아침을 먹기로 한다. 말랑하고 노릇하게 구워져서 고소한 맛을 내는 인절미가 구미를 일깨워 줄 것이다.

할머니는 평상시 깨끗이 손질되긴 했지만 낡은 무명 치마, 무명 저고리 위에 팔꿈치를 기운 스웨터 같은 헌옷만 입으셨다. 주위에서 초라한 입성에 대해 뭐라고들 하면 맨살이 안 드러나면 되지 않느냐며 웃으셨다. 하나밖에 없는 외동며느리가 밤잠 줄여 눈 공정, 손 공정 들여 뜨개질하여 만든 옷을 어떻게 턱턱 입느냐고 하셨다. 할머니의 장롱 속에는 새 스웨터와 고운 옷들이 차곡차곡 쌓여 있었지만 생신날이나 명절, 특별한 날 외엔 도무지 입을 생각을 않으셨다.

늘 허술한 차림의 할머니는 명절이나 제삿날이 다가오거나 잔치할 일이 있으면 떡쌀부터 담그셨다. 서 말들이 시루에 시룻번을 붙이고 콩시루떡, 팥시루떡을 겹겹이 쪄내시노라면 뭉클뭉클 피어오르는 김에 할머니 모습이 다 묻히곤 했다. 가마솥 뚜껑을 뒤집어 놓고 기름을 둘러 차노치를 큼직하게 지져 내고 인절미에 콩고물을 묻히고 떡살로 눌러 문양 넣은 절편에 참기름을 바르며 많은 양의 갖가지 떡을 만드셨다.

찹쌀경단에 곶감을 오려 꽃을 피우고 작은 새가 날개를 펴고 날아가는 웃기떡을 앙증맞게 만드셨다. 아름다운 꽃이 아니어서 눈길도 못 받으며 저 혼자 피어 있는 기자잎이 외로워 보였던가. 꽃잎을 찾지 않고 우물가 구석진 곳에 핀 기자잎을 따서 놓아 예쁜 증편을 만드셨다. 이름을 증편이라 하지 않고 늘 기자떡이라 부르셨다. 기자잎도 온전히 제 이름의 떡을 갖게 된 것이다. 할머니는 언제나 꽃을 받쳐 주기만 하는 역할로 그치는 잎을 챙겨서 꽃과 나란한 자리에 올려놓으셨다.

할머니는 명절날이 이삼 일 앞으로 다가오면 개가 문득 뜬금없이 허공에 대고 짖는 소리에도 대문께로 시선을 보내시곤 했다. 부산에서 직장 생활 하시는 할머니의 오직 외동아들인 아버지를 기도처럼 기다리셨다. 아들이 시골집에 들어서면 할머니는 농사일 많은 집안을 이끌어 가는 틈틈이 돋보기를 끼고 지어 둔 새 옷을 입히셨다. 마당에 섣달그믐께의 찬바람이 쌀쌀하게 지나갈 때 할머니는 새 명주 바지저고리를 입은 관옥 같은 아들을 눈부시게 쳐다보시곤 했다. 당신은 남루하기 짝이 없게 입으시고선.

다들 명절 음식을 만드느라 부엌과 마당, 뒤란 곳곳에서 분주한 와중에 할머니가 의식의 예복처럼 번듯한 옷으로 갈아입으시는 시간이 있었다. 아버지가 떡을 치실 때였다. 벽에 고요히 걸려 있던 떡메가 내려지고 감나무에 기대어져 있던 떡돌에 찐 찰밥이 뜨거운 김을 내며 질펀히 놓인다. 사랑채에서 할아버지와 함께 묵은세배와 송년의 그믐인사차 오신 손님 접대를 하던 아버지가 안채로 건너오셨다.

그와 때를 맞춰 할머니는 어느 틈에 옷을 갈아입고 나오셨다. 윤기 나는 명주옷을 입은 아들과 조화를 이루기 위함이란 걸 어린 나도 알 수 있었다. 아버지가 마당을 가로질러 오실 동안 할머니는 떡돌 옆에서 어색하고 수줍은 듯 그리고 말없이 행복해하셨다. 아버지가 떡을 치시면 누구에게도 맡기지 않고 할머니가 떡을 밀어 넣으셨다.

떡을 칠 때는 위에서 치는 사람과 아래에서 밀어 넣는 사람의 호흡이 맞아야 한다. 아래쪽 사람의 손도 다치지 않아야 할뿐더러 위에서 내려치는 사람도 속도감 있게 리듬을 타며 요령껏 힘을 써서 쳐야 떡이 차지고 맛있게 되는 것이다. 떡메가 올라가는 순간에 빠르게 떡을 밀어 넣는 아슬아슬함이 주는 재미와 힘쓰는 일을 해 본 적 없는 도시물이 밴 아버지도 보기 위해서인지 일손 돕는 아주머니들과 놀러 온 손님들, 집안 식구들이 둘러서서 즐겁게 구경을 했다.

할머니와 아버지는 미리 연습한 것처럼 흥이 돋고 호흡이 잘 맞았다. 늘 조용하신 할머니의 성품 어디에 그런 흥취가 숨어 있었는지 깜짝 놀랄 지경이었다. 아버지가 떡메를 쳐들어 "엇, 취!" 하며 내려치시면 할머니는 한껏 돋운 목청으로 "허! 잘 친다." 판소리의 고수처럼 흥겹게 추임새를 넣으며 떡메질에 눌려서 삐져나온 떡을 재바르게 밀어 넣으셨다. 할머니의 얼굴에 한 번도 본 적 없는 신비스럽도록 고운 미소가 환하게 피어났다. 세상의 아름답고 귀한 것이 할머니 치마폭에만 쏟아진 듯 보였다. 거기에 아버지의 천진하던 모습도 언제나 선명하다.

층층시하 시집살이에서 할머니의 귀중한 독자 아들을 시어머니인 증조할머니가 애지중지하시며 내놓지 않았다. 젖을 먹일 때 외엔 한 번도 품에 안아 보지 못한 아들은 어려서부터 공부를 잘하더니 상급 학교는 도회지로 나갔다. 그길로 큰 도시에서 취직하고 결혼을 해 버리니 할머니는 아들과 오롯이 정을 표현할 기회 한 번 갖지 못하셨다. 어느새 할머니는 자식이지만 아들을 어렵게 대하셨다. 쳐다볼 일이 있어도 부신 듯 잠깐씩 바라보시곤 했다.

아버지도 매한가지였다. 이 세상 누구보다 할머니를 소중히 생각하셨지만 엄마에게 아들로서 정겹게 표현하는 방법을 몰랐던 것 같다. 하지만 할머니께 "엄마!" 하고 부르시는 아버지의 음성은 내가 아는 아버지 언어 색깔 중 가장 부드럽고 애틋했다. 아버지는 잠시라도 엄마와 둘이서 하는 일을 염두에 두고 찾으셨을 성싶다. 엄마가 한 땀 한 땀 손수 지어 주신 옷을 기쁘고 감사한 마음으로 입고 집안에 떡 칠 사람이 있음에도 떡메자락을 쥐셨을 것이다.

"엇, 춰!" 한마디에 '어머니, 힘드시지요'가 들어 있었을 것이다. '아니다, 너를 생각하기만 해도 행복하다'고 "허! 잘 친다."로 받으셨을 것이다. 떡을 치는 그리 길지 않은 시간 동안 할머니에겐 생애에서 아들과 교감하는 유일하게 긴 시간이었으리라. 세상에 충만한 행복의 정점을 나타내는 표정이 있다면 떡을 밀어 넣는 순간의 할머니 모습일 것 같다.

아들이 어머니 마음에 효도 한 점 찍어 드리는 정답고도 애잔한 떡메질이었다. 아버지가 떡을 치는 일은 뒤란으로 돌아들기 전 햇빛 도타운 옆마당 한편에서 벌이는 모자의 지극하고 정성스러운 축제였다. 파란 하늘이 아껴 뒀다 퍼붓는지 햇살이 노랗게 쏟아지고 잎 진 감나무가 따뜻하게 서 있었다.

아버지에겐 할머니가 평생을 불같은 성정에다 식성마저 까다로우신 할아버지를 묵묵히 시중들며 사시는 모습에서 더욱 안타깝게 여겨졌을 것이다. 담장 옆에 우물이 있고 장독대와 감나무가 있던 시골집 남쪽 마당의 부엌 외벽 처마 밑엔 항상 떡메가 걸려 있었다. 할머니는 고즈넉히 매달린 떡메와 닮아 보였다. 떡메는 산꿩이 날아가는 모습도 멀거니 보고 뚝뚝 떨어지는 감꽃을 하염없이 바라보기도 하며 두견새 우는 소리를 종일 듣고 있었을 것 같다.

할머니 마음도 그러셨으리라. 언젠가부터 할머니에겐 흰 눈이 빈 들을 덮으며 천지에 속절없이 내리는 풍경을 가뭇하게 바라보곤 했을 떡메를, 아버지가 내려서 줄 날을 기다리는 일상이 되었을 것이다. 늘 헌옷만 입으셔서 딱하였지만 떡을 치는 시간에 새 옷으로 갈아입고 나오시던 모습이 더욱 처연해 보였다.

할머니의 돋아나지 못한 잔별 같던 세월이 오늘 비가 되어 내 마음에 내린다.

같이 묵고 삽시다

1970년대 이십 대 시절 나는 시내버스를 타고 출퇴근했다. 돈주머니를 겸한 거뭇한 앞치마 두른 아주머니가 대형 양은 대야를 잽싸게 버스에 밀어 넣으며 올라타곤 했다. 아주머니는 버스에 크나큰 대야를 싣는 일에 성공을 한 셈이었다. 정류장에 정차한 버스 문 앞에서 차장과 실랑이를 벌이며 막무가내로 들이밀어 실은 끝에 아주머니가 승리를 한 것이다.

대형 대야를 이고 온 아주머니들은 어떻게든 타보려고 애를 썼지만 차장의 거센 거부로 버스에 오를 엄두도 못 내었다. 하지만 왜 태워 주지 않느냐며 그악스럽게 다툼을 벌여 한순간 차장이 주춤하는 사이 기어코 타고야 마는 아주머니들이 있었다. 지게꾼을 불러 지게에 대야를 얹어 가기엔 먼 거리이고 택시에 싣고 가면 좋겠지만 택시비가 비싸기 때문이었다.

대야는 거의 두 개씩이었다. 시꺼멓게 덮인 보자기 밑에는 과일이나 생선 등이 담겨 있었다. 차장은 대형 대야를 갖고 타는 승객을 극구 태우지 않으려고 했다. 대야가 자리를 많이 차지하는 만큼 사람을 태울 수 없기 때문이다. 짐 값을 따로 받는 것이 아니고 짐을 들고 탄 사람의 요금만 받는 것이므로 차장은 그런 승객을 제일 질색했다.

"같이 묵고 삽시다!" 겨우 버스에 오른 아주머니가 빽, 소리를 질렀다. 차장의 노골적으로 째려보는 시선을 받으면서 다툼질 끝의 격앙된 감정을 그대로 묻힌 채 대야를 거칠게 밀며 소리쳤다. 빨리빨리 발을 움직여 자리를 만들지 못하는 승객을 향해 내지르는 항의이기도 했다. 차장한테 승차 거부를 당하는 자신의 초라한 모습을 낱낱이 지켜보게 된 승객들에 대한 민망함과 비좁겠지만 양해를 해 달라는 뜻도 담긴 무마용의 말을 오히려 매몰차게 터뜨렸다.

승객들이 그득하게 서 있어 대야를 안착시킬 공간이 좁다 싶으면 아주머니는 목청을 한 번 더 드높였다 "같이 좀 묵고 삽시다!" '같이 좀 묵고 삽시다'에서 '좀'에 더욱 힘을 주면서 대야를 세게 몰아넣었고 '삽시다'에서 한 번 더 강하게 쏘아붙이며 콱 밀어붙였다. 승객들은 더 이상 물러설 데가 없는데도 아주머니의 고함에 바짝바짝 안쪽으로 당겨 서곤 했다.

오늘처럼 이렇게 비가 퍼붓는 날에도 아주머니들은 우산도 없이 어디서 어떻게 왔는지 큰길가의 찻길에 나와 차장과 옥신각신하며 대야를 들고 탔다. 얼굴이며 옷이 비에 흠씬 젖어서 축축하고 차가울 텐데 아랑곳 않고 대야를 챙기는 일에만 여념이 없었다. 어느 길바닥에서 난전을 벌여 하루의 생계비를 구해야 할 목숨과도 같은 밑천이기 때문이었으리라. 달리는 버스의 손잡이를 꽉 움켜쥐고 균형을 잡으면서 어린 자식을 보호하듯 대야에 눈을 박고 몸을 흔들리며 서 있었다.

"같이 묵고 삽시다"를 처음 듣게 된 건 1970년대 초중반이었던 것 같다. 당당함을 지나 뻔뻔한 느낌을 주던 한마디가 그렇게 촌철살인적일 수가 없었다. 다른 사람들에 대한 편치 못함, 부끄러움, 면구스러움 등의 복잡한 감정을 거두절미해 버리고 억지를 들이대는 자신에 대한 이의 제기를 애초에 차단시킨, 같이 묵고 삽시다, 로 짧고 굵게 상황을 종료시켰다.

　뉴스에선 툭하면 부모가 자식한테 몹쓸 짓을 했다는 보도가 나온다. 유치원에 가 있는 어린 딸을 아빠가 불러내어 차에 태워 산에 데려가 죽여서 버렸다고 한다. 아빠가 저를 데리고 놀러 가는 줄 알고 즐거워했을 아이를 생각하면 머리가 휑하니 없어지는 것 같다. 집을 어지럽힌다며 네 살짜리 천진난만한 자식을 침대에 묶어 뒀다가 숨이 끊어지게 하는 등의 쏟아지는 뉴스를 접하고 있으려면 가슴이 컥 막힐 지경이다. 뉴스 속의 부모들은 경제적으로 어려워지면 양육을 하고 보살펴야 할 자식부터 귀찮게 여긴다. '나만' 살겠다고 자식이 안중에 없으며 제 자식을 죽였다.

　'같이 묵고 삽시다'가 사십오 년의 세월을 뛰어넘어 뒤통수를 후려치듯 떠오른다. 다른 사람들에게 폐가 되든 말든 우선 '나부터 살고 보자'는 의미로 들리던 말이 이토록 그리워진다. 아주머니들이 그토록 억척스럽게 했던 건, 오직 자식을 굶기지 않고 학교에 보내 가르침을 받게 하기 위함이었다. 쌀을 살 돈을 못 벌면 국수라도 먹이겠다고, 아이들 공책값, 신발값을 마련하기 위해 온 힘을 다한 것이다. 차장한테 짐 값으로, 대중교통 버스비 한 사람 요금만 지불했어도 그 멸시는 받지 않았을 터……. 자식한테 사 줘야 할 한 자루의 연필값이 눈앞에 어른거려 그처럼 악착같이 했을 것이다.

흔들리는 버스 안에서 바닥에 대야의 사과가 굴러 떨어지면 행여 사과에 흠집이 날까 봐 승객들한테 조심히 주워 달라고 윽박지르듯이 채근을 했다. 생선 비린내를 온통 차 안에 진동하게 하는 겸연쩍음도 같이 묵고 살자며 눙치던 아주머니들이 그지없이 소중해진다. '내가' 힘이 든다는 의미를 '같이' 먹고 살자고 풀이해 놓던 그녀들. 가난하여 배를 곯리는 내 자식들이지만 어울려서 '같이' 당당하게 세상으로 나아가게 하고 싶다는 염원이 피멍처럼 서려 있었다.

"같이 묵고 삽시다!"가 빗줄기 속으로 저벅저벅 다가오는 소리 들린다.

멸치

멸치가 달려왔다. 불경기의 찬바람 속으로 몸을 틀어 향했다. 가난해져 휑해진 것 같은 세상에 멸치들이 헤적여 닿았다.

중년 여인 네댓이 우르르 들어와 자리를 잡고 앉는다. 일터에서 일을 하다 점심식사를 하러 온 직장 동료들 같다. 벽에 붙어 있는 메뉴는 보지도 않고 국수를 주문한다. 메뉴판엔 국수, 이천 원이라고 쓰여 있다. 그중 가장 싼 가격의 메뉴다.

한 끼의 식사비가 이천 원이어서 저들은 마음이 홀가분한가 보다. 만 원 한 장이면 화기애애하게 함께 먹은 동료들의 점심값을 척, 낼 수도 있어 마음이 한결 넉넉해지는 것 같다. 까르르 웃음소리가 붉은 김치보시기 위로 날아오른다.

친한 동료들과 자장면을 먹고도 육천 원씩 하는 가격이 부담되어 일행의 식사비를 선뜻 나서서 내지 못하고 달막거리기만 했는지도 모른다. 쪼들리며 사는 외로운 삶이라 서로 기대며 동기간처럼 지내는 사이에서 그득히 보내고 싶은 인정이 여과 없이 샘솟아도, 지갑을 만지작거리던 손길을 번번이 거두어들이곤 했을지도……. 지금 저들은 아무리 생활이 빡빡해도 이천 원씩이면 나도 밥값 낼 수 있다고 호기가 생기는 것 같다. 그런 여유로움을 멸치가 잇대어 준다.

어느 날 집 앞 길 건너에 이천 원짜리 국숫집이 생겼다. 식당은 넓고 깨끗하다. 식탁 위에 비치된 김치 항아리에서 김치를 무한정 덜어 먹을 수도 있다. 데친 부추와 계란지단의 고명은 흉내만 낸 듯 살짝 얹혔지만 타래진 국수가 멸치 육수에 잠겨 소담스레 나온다. 국수의 대명사, 잔치국수는 멸치 육수가 탄생시키지 않던가.

국수의 가격 거품을 모조리 빼고 멸치들이 오직 멸치 육수로 이천 원짜리 잔치국수의 맛을 책임지고 나섰다. 가진 것 없는 가풀막진 세상살이 속내는 비슷한 처지끼리 안다는 듯 그지없이 작고 힘없는 멸치가 버팀목으로 일어섰다.

깊고 푸른 바다 속 물고기 중에서 멸치가 가장 작은 물고기이다. 보잘것없이 작고, 뾰족한 수도 하나 갖지 못한 스스로를 잘 알고 있어 멸치들은 떼를 이뤄 힘을 낸다. 잔치국수 한 그릇의 육수도 삼삼오오 어깨를 겯고 힘을 보태야 제 맛으로 우러난다.

하루 벌어서 하루씩, 혹은 한 달 벌어 그달을 사는 사람들은 수중에 지닌 것이 없어 쓸쓸하다. 서로 내보일 것도 없는 사정을 아는 사람끼리 곁을 내어 준다. 야위어서 더욱 시린 어깨를 비비며 서러운 고생을 혼자만 하는 건 아니라고 슬픔 같은 위안을 얻는다. 그들은 멸치 떼와 참 많이 닮아 있다.

바닷속 세상에서 재빠르게 헤엄치고 방향을 트는 멸치 떼의 군집은 은빛 장관이다. 황금으로 들어차야 보람찬 삶만은 아니라고 멸치 떼가 찬란한 은빛으로 타이르는 듯하다. 천적인 삼치나 전갱이들과 부닥뜨려도 기죽거나 망설이지 않는다. 눈 깜짝할 사이에 리더를 따르며 처한 상황과 맞서 의연하고 일사불란하게 대처한다. 군집의 가장자리에서 철저히 경계 태세를 하던 방위 의무 멸치들은 서슴없이 적에게 먹잇감이 되어 주고 주위를 끌어 다른 멸치들을 지켜 낸다.

멸치의 까만 눈동자는 또렷하고 똑똑해 보인다. 초롱하고 예쁜 눈으로 멸치들은 제 동족이 희생될 때 비통하게 울었을 것이다. 오직 살아내는 것만이 삶이라는 듯 방대한 종족을 퍼뜨리며 꿋꿋이 최선을 다한다. 멸치들의 힘찬 생명력 덕으로 우리는 멸치를 헐하게 먹을 수 있다. 그 끝에서 이천 원짜리 국수도 만들어 불황의 허기진 생활을 버티는 것이다. 허덕이는 삶으로도 자식을 대학에 보내고 결혼도 시켜 부모로 우뚝 서는 우리네 모습이 멸치들 속에 있다.

멸치 비늘은 갈치 비늘처럼 거만하게 함부로 번들거리지 않는다. 다만 차분한 은빛으로 반짝인다. 멸치의 주눅 들지 않는 자존심 같다. 모든 물고기의 비늘은 사정없이 긁어낸다. 하지만 멸치를 뜨는 어부들은 멸치의 비늘이 한 점이라도 떨어져나갈까 봐 조바심 낸다. 볼품없는 몸뚱이의 비늘을 소중히 귀함 받는 물고기는 멸치밖에 없다. 멸치는 비늘로 가치가 좌우된다. 비늘이 완전할수록 최고 상품으로 대우를 받는다.

작고 작은 몸이지만 혼자서도 제 몫을 해내곤 한다. 멸치는 비늘을 갖추고 밥상에 오른다. 더위에 지쳐 식욕 잃은 여름날 반찬도 제대로 없을 때, 차게 우린 녹차에 밥을 말아 고추장에 찍은 마른 멸치를 얹어 먹으면 비할 데 없는 맛이다. 자꾸 당기는 맛에 동화되어 끝도 없이 밥을 먹으며 입맛을 찾곤 한다. 그럴 때의 멸치는 출렁이는 바다를 배경으로 몸을 세워 멸치 세계를 대표한다.

바다의 은빛 꽃다발, 멸치 떼는 은빛 날개로 삶을 퍼다 나른다.

5부

낮 하늘의 쪽달

할매들

　고향인 부산에 오면 추억의 맛을 잊지 못해 들르게 되는 완당집이다. 옆자리의 육십 대 여인 둘이 나누는 얘기 소리가 들려온다. 요즘 한창 화제인 〈미스터트롯〉 이야기다. 더구나 부산까지 와서 탑 세븐 중 좋아하는 가수 L의 이름이 들리니 반갑다 못해 친근감이 생긴다.
　식사 시간이 아닌 데다 코로나19 여파로 식당 안이 조용한 편이라 물색없이 옆자리를 향해 말을 건넨다. "L을 좋아하세요?" "우리는 J를 좋아해요." 곧장 돌아오는 대답이 좀 무뚝뚝하다. "네 그렇군요." 나는 그들 쪽으로 돌렸던 자세를 바로잡는다. 낯선 사람에게 불쑥 끼어들어 결례를 했으니 시원찮은 반응이 올 만하다고 생각한다.

완당에 메밀국수를 곁들여 먹고 있노라니 옆자리의 얘기가 토막토막 들린다. "할매들이 빽빽하게 앉아서……." '빽빽'에 유독 힘이 들어간다. 다음 말이 이어진다. "L이 빨갛게 입고 노래하는 걸 열심히 들여다보고 있어." 이번에는 '열'에 쎄게 힘을 넣으며 안쪽 자리에 앉아 말하는 여인의 어감이 석연치 못하다. "할매들이 L을 그렇게 좋아해." 말투에 비아냥거림이 묻어 있다. 두 사람의 표정을 보니 못마땅한 기색이다.

그녀의 말본새엔 늙은 할매들이 우르르 L을 좋아해서 팬 숫자를 그렇게 많이 높여 놓았다는 불만이 스며 있다. L 팬의 두터운 층을 이루고 있는 오륙십 대와 칠팔십 대들을 '할매들'이라며 싸잡아 격하시키고 있다. 아무래도 자기들이 좋아하는 J에 비해 L의 팬이 비교되지 않게 월등히 많은 것이 마음에 들지 않는가 보다. 이미 네 편 내 편을 갈라놓고 할매가 할매들을 폄하한다. 잘못한 일도 아닌, 나이가 많은 것을 흠으로 잡는구나 싶어 놀랍지 않을 수 없다.

부산 사람들은 입맛에 착 감겨드는 감칠맛도 나지 않는 밍밍할 정도로 연한 맛이지만 완당을 좋아한다. 성별과 나이에 구분이 없다. 완당집은 늘 붐비는 편이다. 자리가 없으면 당연한 일이라는 듯 줄을 서 차례를 기다려서 먹는다. 그 좋아하는 음식을 따스하게 먹으며 저들은 사람을 빈정댄다.

청년 L의 목소리는 따뜻하다. 성량 풍부한 온유한 음성으로 노래마다 품은 정취를 살려 세상에 내보낸다. 홀로 간절히 연습하여 감성에 녹여낸 노랫말을 드라마처럼 보여 준다. 듣고 있노라면 어디에다 일일이 내보이지도 못한 삶에 치인 마음의 흔적들을 노래로 만져 준다. 듣는 사람 가슴이 그의 노래를 따라가며 생각지 못한 감동을 받는다. 그런 그를 사랑하는 사람들이 한세상 허리 휘도록 살아온 만큼 나이를 먹은 것이, 그게 흉허물인가.

2020년 이 시대의 모든 할매들은, 연령층이 백 세 넘은 할매들도 한평생 장르를 불문하고 트롯을 비롯한 팝송이며 발라드, 국악, 클래식 등 온갖 종류의 음악을 듣고 접하며 지나왔다. 오래 산 시간이 있기에 그들은 보다 더 L의 노래를 알아본 것이다. 청년 가수 L의 노래를 듣고 처음 마음이 덜커덕 움직이던 감동으로 그를 좋아하게 되었으리라. 부르는 노래마다 마음을 빼앗기는 자신이 신기할 정도였다. 그의 노래를 들으며 일상을 대하는 마음에 윤기가 더해져서 예기치 않게 매일이 풍요로워진 듯하다.

사람을 좋아하는 일. 얼마나 기껍고 흐뭇한가. 가수의 팬이 되는 사람들은 노래를 좋아하여 노래하는 사람까지 애지중지하는 것이다. 삶이 결코 수월하지 않아 휘둘릴 때도 음악에, 노래에 기대며 헤쳐 왔을 성싶다. 살아가는 일이 서글퍼지는 날엔 노래를 들으며 위로를 받곤 했으리라. 좋은 날엔 음악이 있어 더욱 행복했던 사람들이다. 달콤하기만 한 생도 아닌 것을, 삶의 끈을 놓지 않고 온 힘을 다해 살아오다 보니 어느새 할매 나이가 되었을 뿐이다.

저 육십 대 두 할매는 한 사람을 좋아하기 위해 많은 할매들을 깎아내린다. 낭떠러지 같은 위험한 모순이 아닐 수 없다.

목성균의 수필 〈소년병〉엔 장총 맨 인민군 패잔병이 조심스럽게 무밭에 나타나 무를 뽑아 먹는다. 할머니는 무 뽑던 일을 급하게 멈추고 밭둑에 나가 앉아 인민군 소년병을 부른다. 곁에 나란히 앉게 하고 잠깐이나마 쫓기는 신세가 아닌 불안한 마음 없이 무를 먹도록 배려한다. 비록 흙 묻은 무일지언정 전쟁에 끌려 나와 굶주린 인민군을 마음으로 대접한다. 긴 세월 건너오며 세상사 이런 일 저런 일 다 본 할머니는 소년병을 내 편 네 편이 아닌 뉘 집의 귀한 아들, 손자로 대한다. 나이 먹은 연륜이 배어나는 품이 거기에 있다.

공자는 《논어》에서 말한다. "군자는 어우러지려 하고 같으려 하지 않는다. 소인은 같으려 하고 어우러지려 하지 않는다." 어울리고

자 하는 사람은 타인이 나와 다름을 인정하고 존중한다. 같고자 하는 사람은 나와 남의 차이를 인정하지 못하고 고려하지 않고 존중은 더더욱 하지 않는다. 이미 이천오백 년 전에 공자가 일깨웠다.

공자가 말하는 군자는 훌륭한 사람이다. 평범한 우리는 군자가 되기는 쉽지 않을지라도 나와 같은 편이 아니라고 멀쩡한 사람들을 흠집 내는 짓은 하지 않아야 한다.

노래는 한음 한음이 같이 모이기만 해서 이루어지는 게 아니다. 높고 낮은 음들이 조화롭게 어우러져서 노래가 태어난다.

낮 하늘의 쪽달

 어린 날, 어린 몸에 지나간 기억들.
 상처로 흔적 남기거나 꽃자리 같은 기쁨의 순간들로 채색되기도 한다. 작은 가슴에 가려낼 수 없는 감정의 물살들로 흘려 보내기도 하는 것이다. 나풀거리는 가닥들은 자라면서 인성과 품성에 영향의 잔뿌리로 자리 잡는다.
 어린 날의 어린 느낌 하나가 아무도 모르게, 자신도 모르게 따라

와서 나의 생활습관, 관념 속에 녹아들어 숨 쉬고 있었음을 마흔을 훌쩍 넘긴 어느 날 문득 눈치채게 한다.

내가 열두 살 때는 1960년대 초반이었다.

비교적 번듯한 기와집들이 늘어선 우리 집 앞 골목길을 내려가서 모퉁이로 꺾어지는 끝에 길에서 몇 계단 아래로 푹 꺼지며 허름한 판잣집이 한 채 있었다. 길을 지나다가 판자문이 젖혀진 집 안을 들여다보면 작은 마당과 좁은 마루가 말끔했다. 나와 초등학교 동창인 귀옥이네 집이었다.

얼굴에 곰보자국이 조금 있지만 이목구비가 반듯했던 귀옥이는 키도 크고 싸움도 잘했다. 부산 시내에서 몇 손가락 안에 들만큼 부자인 우리 앞집 미희도 누구한테 지고는 못 배기는데 귀옥이한테는 한풀 꺾이는 편이었다. 귀옥이는 우리와 친해지지 않았다. 미희와는 전혀 친하고 싶은 마음이 없어 보였지만 내게는 부드러운 편이었고 말도 한 번씩 걸어 주어서 다행이었다. 초등학교 오 학년 봄소풍 자유 시간에 나와 눈이 마주친 귀옥이가 뜻밖에 아이스케이크를 사 주어서 깜짝 놀라며 먹은 적도 있다.

키가 훤칠한 귀옥이 아버지는 대낮에도 불쾌한 얼굴로 흔들흔들 골목을 걸어왔다. 붉은 얼굴로 종종 집 앞, 아니 집 위 골목길에 나서서 "누고… … 잘난 놈들 나와 봐라!" "자석들, 잘났으모 나와 보란 말이다." 연방 몸을 건들거리며 고함을 질렀다. 하지만 술만 마시지 않으면 참 좋은 사람이라고 어른들이 말했다.

귀옥이 아버지는 깽마깽이(농악대)패 대장이었다. 귀옥이 아버지가 이끄는 깽마깽이는 부산 시내를 휩쓸고 서울 대회에서도 최고였으며 전국대회에선 대통령상을 받아왔다. 대통령상을 몇 번이나 받아 왔기 때문에 동네 사람들은 대단히 자랑스러워했다.

귀옥이 아버지의 깽마깽이가 정월 대보름날 징소리, 북소리, 꽹과리 소리를 울리며 동네의 아무 집에나 들어가서 지신을 울리면 그 집의 주인은 무조건 맞아들여서 음식과 돈을 내놓았다. 특히 상모꾼이 길고 긴 열두 발 채상모를 돌리는 아름답고 신기에 가까운 채상놀이 광경에선 온 동네 사람들이 숨을 죽이고 감탄하며 구경했다.

대통령상을 받아 오는 집인데도 귀옥이 집은 늘 가난했다. 밥과 반찬이 없었다. 끼니를 이어가기 어려웠다.

그 집의 귀옥이 엄마.

암만 봐도 예쁘게 생기지 않은, 얼굴이 좁좁한 쪽달 같은 얼굴에 참빗으로 쪽찐 까만 머리로 낡은 적삼과 연회색 몸뻬가 한결같이 깨끗해서 어린 내 눈에도 단아하게 보이던 귀옥이 엄마였다. 지금 표현하라고 하면 아름다운 여인이라고 하겠다.

귀옥이 엄마는 기운 없어 보이는 노란 얼굴로 그러나 늘상 미소를 머금고 있었다. 햇볕이 골목을 고스란히 튀겨 올리는 여름 한낮에 길에서 만나 인사를 하면 '오냐라든가 '웅' 하고 그냥 지나치는 법이 없었다. "학교 갔다 인자 오나, 덥제." 언제나 인정스럽게 인사를 받아주는 것이었다.

내가 두레박만 한 양은 양동이를 들고 우물가에 나타나면 물을 긷고 있던 동네 아주머니들 사이에서 제일 먼저 귀옥이 엄마가 퍼올린 물을 내 양동이에 부어 주었다. "시원한 물로 세수할라꼬, 여기서 세수하고 물 담아 가거라." 하면서 조용히 인정을 보내었다.

어쩌다 동회에서 배급 나온 강냉이가루로 빵을 찐 날이면 지나가는 나를 불러 서슴없이 쥐여 주며 먹으라고 했다. 지금 생각하면 귀옥이 형제 다섯 명이 먹어도 모자랄 빵이었을 텐데 싶다. 그 집에선 대단히 소중한 빵을, 어린아이인 내게 무엇이라도 주고 싶어 하는 귀옥이 엄마의 세상없는 고운 마음씨가 건네는 것이었으리라.

귀옥이 집에는 동네 사람들이 놀러 가지도 않았다. 귀옥이 엄마는 친구도 없었다. 늘 혼자서 물을 긷고 골목을 걸어가고 집의 마루를 닦고 있었다.

먹을 것이 없어 위를 바쁘게 하지도 않았을 텐데 귀옥이 엄마 위 속에 암이 들어와서 컸단다. 그 음전한 귀옥이 엄마가 아픔을 못 이겨서 지르는 비명이 골목까지 새어나왔다. 바람벽을 손톱으로 한

없이 쥐어뜯었단다. 그래도 돈이 없어 진통제 주사 한 번 맞지 못했다고 한다.

칼날 바람이 전깃줄 껍질도 벗겨 갈 듯이 골목길 훑어가던 날 귀옥이 엄마는 떠났다. 귀옥이 언니와 오빠, 동생들을 놓아두고 고통도 놓아 버린 귀옥이 엄마가 입관될 때 동네 사람들 모두 나와서 흐느꼈다.

희미한 알전구 하나 매달린 방이 좁아서였는지 마루에서 관에 못질을 했다. 마루부터 마당과 골목은 껌껌했고 사람들이 시꺼먼 그림자를 일렁이며 웅얼웅얼 낮은 소리로 왔다 갔다 했다. 아이들과 어른의 곡소리는 음울하고도 청승맞게 퍼져 나왔으며 검은 관에 대못질하는 소리와 광경은 무섭고 비통했다.

"내일이 설인데도 씰고 간 듯이 떡 한쪽 빚을 쌀 한 톨이 없어도 새미에서 물 여다가 솥에 붓고 맹물 끓이믄서 집 굴뚝에 연기 내고 있던 옥이 엄마가 아니던가베." "참말로 조신한 사람이었제." 동네 사람들은 속삭였다. "엊저녁 오늘 아침 굶고도 밥 해 묵은 사람 겉이 물 여다가 집 안팎 반들반들 씰고 닦던 사람 아이가." "옥이 아부지 그 술 주사가 심해도 언제 봐도 조용하이 웃는 얼굴이지 어디 눈살 한번 찌푸리고 댕기더나." "그 또닥또닥 기운 적삼을 얼매나 깨끔하게 손질해서 입고 댕기더노." 사람들은 또 목이 메어 흐느꼈다.

낮 하늘의 쪽달 237

어머니의 손을 잡고 손바닥으로 눈물을 문지르며 서 있던 나는 그 순간 아! 하고 소리 없이 놀랐다. 동네 사람들 누구도 귀옥이 엄마하고 친하지 않은 것 같았다. 아무도 그 집에 관심이 없는 줄 알았는데 깔끔하고 착한 사람임을 세세하게 모두 알고 있었다. 귀옥이 엄마가 다시는 못 올 먼 길을 혼자 떠난 것을 진심으로 슬퍼하고 있었다. 놀라웠고 사람들이 귀옥이 엄마를 인정해 주어서 울면서도 기쁘고 안심이 되었다.

그때 왜 그런 생각이 들었는지 모르겠다. 그런 분위기 탓이었는지 예기치 않게 가슴에 울림이 일었다. 그토록 착한 귀옥이 엄마가 밥을 너무 많이 굶고 참혹한 고통 속에서 죽음을 맞이한 비애가 내게 산더미 같이 몰려와서 그랬던가. 그날 이후, 열두 살 그때부터 나는 아무도 보는 사람 없는 빈 집에 혼자 있을 때도 반듯하게 앉으며 착하고 선한 사람이 되려고 노력해 왔다.

돌아다보면 아무래도 나는 어머니의 영향을 가장 많이 받은 것 같다. 그 한쪽엔 기억 저편으로 귀옥이 엄마의 모습이 때때로 맴돌았다.

삶은 내 의지와 상관없이 많은 일들이 일어났다. 나를 휘감아 옥죄이기도 하고 깊은 상처를 주기도 하였다. 크고 작은 일들을 바람직한 방향으로 끌고 가려 해도 내 능력 밖으로 뒤둥그러지는 것도 많았다. 그런 것들에 떠밀려서 다잡은 마음과 일상들을 귀천 없이 내던져 버리고 되는 대로 흘러갈 뻔했던 순간들 사이마다 어머니와 귀옥이 엄마가 생각났다.

배운 것 없고 가진 것 없이 흐릿하고 남루한 삶이지만 정신만은 초라하게 살지 않겠다는 푸른 의지가 귀옥이 엄마 일상의 생활을 그렇게 처신했다고 생각한다. 눅눅하고 헐벗은 내 삶 또한 귀옥이 엄마처럼 나와 내 주위를 귀하게 건사하기 위해 힘을 모아 걸어왔다. 의지력도 약한 내가 삶이 버거워 어깨를 비틀어 털어 버리고만 싶을 때도 애를 쓰며 버텼다.

귀옥이 엄마는 한 번도 내게 타이르거나 가르친 적 없지만 한평생 내 삶의 스승의 한 자리로 매김질 되어 기억 저편에서 나를 끌어 주고 있다.

낮 하늘의 희미한 쪽달 같던…….

내 마음엔 쪽빛으로 남은 여인.

벽송사 가던 날

　산이 깊은 함양, 산청 천지엔 연둣빛 잎들이 남실댄다. 무르녹은 봄을 미는 초여름 바람에 새 세상을 맞이한 어린 이파리들이 혼신을 다해 나부낀다.
　지리산이 품은 벽송사 가는 길은 초입부터 메시지를 던진다. 깊은 숲이 아끼며 조금씩 내어 주는 길은 창졸간에 몸을 일으켜 바투 다가서는 언덕배기가 저만큼씩 굽어진다. 너희 생이 가는 길이 평평

하고 만만하기만 하더냐고 완강한 침묵으로 물어온다. 불국토를 염원했던 신라가 발원한 벽송사는 제 모습 드러내는 길을 쉽게 허락하지 않는다. 조선의 벽송 지엄선사가 그 원 받들어 장삼자락 날리며 밟아갔던 오르막길을 선사의 짚신만큼이나 가벼워진 내 신발이 타박타박 따라 오른다. 오늘, 바닥에 내려서는 법을 법구경처럼 배운다.

밑창이 떠나 버린 신발도 신발인가. 내 신발의 밑창은 점심시간도 되기 전 함양의 상림공원에서 몽땅 떨어져 나가 버렸다. 온종일 무엇보다 신발이 필요한 여정의 길 위에서 신고 있던 신발이 별안간 신발 같지 않게 되어 버린 일은 몹시 당황스러웠다.

아침부터 이상하긴 했다. 오전 일곱 시에 출발하는 문학 기행 버스를 타기 위해 서둘렀다. 현관에서 신발장문을 열었을 때, 왜 내가 신으려고 했던 운동화를 두고 뜬금없이 맨 아래 칸에 있던 오렌지색 신발을 꺼냈을까. 이러저러하게 가지게 된 서너 켤레의 야외용 신발이 있어 오랫동안 내버려둔 때 탄 신발이다. 헌 신발을 신고 나서면서도 혼자 의아해하며 이걸 신고 즐겁게 다녔던 추억 때문이라고 스스로 타일렀다.

산청의 성철 대종사 생가에 도착했을 때 이미 신발 밑창이 수상스러워지기 시작했는데도 미련하게 미처 상황 파악도 못했다.

옛 시간이 비바람에 씻기어 맑게 스민 남사예담촌을 둘러보고 있을 때 내 발 밑에선 사태가 일어났다. 태조 이성계 사위가 살기도 했다는 이 씨 고가 앞에서 삼백 년 된 회화나무 두 그루를 올려다보고 있는데 신발 밑창 일부가 뭉텅 떨어져 나갔다. 어떻게 이런 일이……. 순식간에 딛고 선 발밑에 균형감이 사라졌다. 찰나같이 짧았지만 눈앞이 아뜩해졌다. 왜 이런 일이 일어나고 있는지 헤아릴 겨를조차 없었다. 다정하게 마주 보는 회화나무 아래에서 그저 균형은 잃어도 좋으니 더 이상 떨어지지 않기만 바랐다.

고려 말 원정공 하집의 손자가 어머니의 자애로움을 기리기 위해 심었다는 칠백 년 수 감나무를 쳐다보고 있는데 또 밑창 일부가 소리 없이 떼어져서 나갔다. 자식을 향한 어머니의 모성애는 그 어디에서도 낡지도 닳지도 않는 것일까. 칠백 년 세월을 보내면서 둥치 속은 텅 비어도 한결같이 감이 열리는 굳건한 감나무였다. 굳세고 건실한 나무 아래에서 내 신발은 오늘 무너져 버리기로 단단히 작정한 모양이었다. 칠백 년 시간을 기품 있게 두르고 제 모습 형상화해 낸 나무를 올려다보는데 내 신발은 밑으로 추락하고 있었다.

감꽃이 피었다 쓰러진 꽃이 진 자리를 바라보다 그때서야 콜택시를 불러 타고 산청 읍내 상점가에서 신발을 사야겠다는 생각이 들었다. 하지만 하루 일정의 순서가 촘촘히 계획된 단체 행동에서 이탈해

개인 볼일을 본다는 것이 번거로운 일 아니던가. 진행되는 탈 밑창이 그쯤에서 멈추어 주길 바라고 바랐다.

숲이 천 년을 이어 오는 상림공원에서 밑창은 내 마음 같은 건 알 바 아니라는 듯 모조리 헐어져 나갔다. 일순에 신발 굽 위에서 바닥으로 내몰렸다. 허해진 발밑보다 마음이 더 휑하니 일그러졌다. 있을 수 없는 상황 속에 내던져진 것 같은 당혹감이 속절없이 밀려왔다.

그런데, 기묘한 순간이었다. 그토록 안간힘 쓰며 붙어 있어 주길 바라는데도 기어코 달아나 버리자 그만 편안해졌다. 더 이상 잃을 것이 없는 안도감이 이런 것인가. 다음 순간 밑창 없는 얇은 깔창 밑으로 무언가 받쳐 주는 단단함이 전해져 왔다. 땅이었다. 바닥이었다. 상림 공원 흙바닥이 발밑을 받쳐 주고 있었다.

얇은 깔창을 사이에 두고 땅바닥은 너도 바닥이냐며 내 발바닥과 조우하고 있었다. 밑창이 없으면 무슨 큰일이 일어날 줄 알았는데 깔창만으로도 견딜 만했다. 단단한 덧버선을 신은 느낌이었다. 생각지 못한 가벼움이 발밑에서 올라왔다. 오래 잊고 있던 흙바닥의 부드러운 친근감이 먼데서 찾아오듯 스며 왔다.

돋보이지 않고 내려앉는 낮은 데로 치부하며 기피하던 바닥이 괜찮다, 하고 마음을 토닥여 왔다. 아무리 아래로 추락한다 해도 그

밑엔 바닥이 버텨 주고 있었구나, 바닥이 딛고 설 수 있게 받쳐 주는구나, 깨달음같이 마음 가운데를 밝은 빛 하나 지나갔다.

이백이십 년 된 은행나무, 칠백 년 수 감나무가 머나먼 세월을 얹어 얼마나 위로 잘 뻗었는지 목이 꺾어지도록 젖히고 위만 치어다보았다. 나무가 온 힘을 다해 숨을 모아 뻗은 뿌리로 바닥 깊숙이 힘을 다지고 있는 모습은 생각에 들어오지도 않았다.

나무들은 시간의 길이만큼 제 몸을 위로 키우지 않았고 생각보다 위로 치켜 올라 세월의 단내를 풍기지도 않았다. 칠백 년 수 감나무도 아담할 정도로 적당히 아름답게 허공을 소유하고 있었다. 뿌리가 있는 바닥으로 힘을 싣고 내실을 다졌기에 긴 세월 풍파에 뒤둥그러지지 않고 지금도 제때에 감을 매달 수 있을 것이다. 이 씨 고가 앞의 회화나무도 삼백 년 동안 곰곰이 생각하고 신중히 몸을 틀어 하늘로 뻗었지만 마음은 제 뿌리 묻은 땅을 잊지 않고 아래로 굽어보고 있지 않던가.

안간힘 쓰며 위로만 쳐다보려 들었던 날들이 슬며시 돌아와 나를 본다. 아이의 성적이 더 오르기를 바랐고 오른 선에서 내려올까 봐 조바심했었다. 남보다 앞선 남편의 승진은 올라간 위치만 확대해 보려 했었다. 견고한 바닥의 날들이 발판이 되어 주었던 지난날은 당연시했다. 아래로 내려가면 좋을 게 없다고 질러서 단정지었다. 우물은 밑으로 깊이 내려가서 뜨는 물이 더욱 청량하다는 걸 까마득히 잊고 있었다.

　바닥은 끝 모를 추락을 모른 척하지 않는다. 온몸을 들이밀어 멈춤을 마련해 준다. 저를 딛고 서서 도약의 의지를 불태우도록 힘껏 받쳐 주기도 한다. 바닥은 돌아서지 않는다. 바닥이 먼저 떠난 적이 있던가. 언제나 잘 의지하고 있던 바닥을 버리고 떠난 건 우리였다. 싸악, 외면해 놓고 아쉬우면 쪼르르 찾곤 했다. 바닥이 발목을 잡기라도 한 듯 구둣발로 바닥을 차며 화풀이까지 하지 않았던가. 억수로 쏟아지는 비에 젖고 젖어도 전신을 내어줄 뿐 바닥은 돌아누울 줄도 모른다.

　어느 시에서 '강이 깊어지는 건 흐르면서 제 안의 바닥을 몇 번이나 쓸어 보기 때문'이라고 한다. 허공을 헤매는 짙은 눈발은 바닥이 있어 안심하고 거기에 내려 쌓인다. 세상의 밑바닥에서만 제 존재를 이어가는 바닥은 쓸쓸할 테지만 묵묵히 꿋꿋하다. 그런 바닥이 있어 오늘 든든하다.

　저만치 앞에 목장승 하나 허허롭게 서 있다. 저도 고요히 법당에 엎드리는 스님의 승복 한 자락 가져다 둘렀는가. 다 낡은 잿빛이다. 절마다 있다는 흔한 일주문조차 이 절엔 없다. 절 마당 들어서는 데를 흙바닥에 발을 묻은 흐릿한 목장승이 그렇다는 듯 아닌 듯 서 있을 뿐이다.

　내려놓고 바닥을 들여다 본 느낌은 어떠한가 하고 벽송사는 숨이 차는 오르막길로 물음을 준다.

　깊숙이 고개를 숙이고 바닥을 응시해 본다.

떡 이야기

닷새간의 설 연휴를 보냈다. 명절이 이틀쯤 앞으로 다가오면 떡 가게 앞은 명절 떡을 사려는 사람들로 북적인다. 나도 갖가지 떡을 사다 연휴가 시작되는 첫날에 설 떡 잔치를 했다. 명절을 쇠러 온 아들과 딸 내외 등 온 식구가 둘러앉아 어릴 적 설날의 추억도 얘기하며, 말랑말랑한 가래떡은 참기름 한 방울 떨어뜨린 간장에 찍어 먹고 따뜻한 인절미는 조청에 찍어 먹었다.

매섭게 추운 날씨가 몰아치는 섣달 그믐날이면 집집마다 명절 떡을 하기 위해 방앗간 앞에서 차례를 기다리던 줄서기가 생각난다. 추위 속의 길가에서 순서의 맨 끝에 서노라면 내 차례는 절대 오지 않을 것 같이 길고 길게 늘어서 있었다. 밤을 꼬박 새우며 학수고대해서 새벽녘에 떡을 해 가는 건 다반사였고 다음 날인 설날 아침에야 김이 풍풍 나는 떡 대야를 이고 황급히 집으로 가곤 했다.

사람들은 떡살 담은 큰 대야를 땅바닥에 연이어 놓고 긴 시간 동안 줄을 서서 밤을 새우며 추위를 이겨 내는 일은 당연하게 여겼다. 거기엔 떡을 먹는다는 기대감이 꽉 차 있었다. 떡에 대한 열망은 행사와 명절을 대표하는 귀한 음식의 절대감이 어려 있었다. 명절에 떡을 종류별로 갖추어서 해 먹는 일은 명절을 풍요롭게 잘 쇤다는 뜻으로 풀이되었다.

다 쪄진 시루떡이 짙은 김을 내며 큰 대야로 옮겨지고 희고 깨끗한 가래떡이 기계 구멍으로 통통하게 밀려나오면 떡 주인은 가만히 있지 않았다. 찬물에 풍덩 빠졌다가 건져진 가래떡을 뚝뚝 잘라서 다음 차례를 기다리고 있는 주위 사람들에게 나누어 주며 먹으라고 권했다. 남의 떡이 다 되는 모양을 부러워하며 서 있다가 얻어먹는 떡은 얼마나 맛이 있던가. 기다림의 '떡줄'은 낯선 사람끼리 앞뒤로 서 있다가 나눔의 줄로 연결되었다.

대부분 가난하고 양식이 부족해서 죽이나 수제비를 끓여 끼니를 보태던 시절이었다. 명절에 대비해 금싸라기에 버금가게 아껴 두었던 쌀로 만든 떡이었다. 그럼에도 몰래 침을 삼키며 바라보고 있는 사람들 앞에서 김이 나는 떡을 싸들고 모르는 척 휑하니 그냥 가지 않았다. 사람 좋게 웃으며 선뜻 내놓았다. 우리 민족성이 갖고 있는 아름다운 인정이다.

집에 가서도 떡을 식구끼리만 먹지 않았다. 가래떡 두 가닥씩이라도 접시에 담아 아이들 손에 들려 방금 해 온 떡이라며 이웃에 돌렸다. 떡을 받은 집에선 또 고맙게 반기며 빈 접시에다 과자, 과일 등을 담아 답례를 했다. 떡줄은 인정의 줄로 이어져 섣달 그믐날 쌀쌀한 추위 속의 동네를 따뜻하게 데우며 오고 갔다. 그러느라고 섣달 그믐 밤은 집집마다 환하게 불이 켜져 있었고 어른들은 밤을 새며 피로한 줄 모르고 즐겁게 음식 준비를 했다.

각 가정마다 모두 떡을 하러 나오는 떡줄에선 평상시 보기 드문 동네 사람들도 만났다. 학교가 달라 자주 만나지 못하는 친구도 떡줄에서 만나 마음껏 얘기를 나누곤 했다. 대문이 굳게 닫힌 이층집의 어렵게 느껴지던 이웃 아주머니와도, 평상시엔 보기 힘든 명문 대학 장학생인 골목집 오빠와도, 서울의 명문 여대 다니는 도도한 아랫집 언니와도 친근하게 인사하고 얘기하는 기회를 갖게 되는 데가 떡줄에서의 만남이었다. 떡줄은 힘도 안 들이고 편안한 소통의 줄을 만들어 냈다.

명절 대목에는 '떡 먹으러 오너라, 꼭 오너라.' 하고 떡으로 인사를 했다. '설에 집에 와서 맛있는 떡도 먹고 재미있게 놀자꾸나, 꼭 오렴.' 하는 뜻의 친절한 명절 초대였다. 명절을 지배하는 떡의 위치였다.

옛사람들은 떡을 만들 때 '좋은 쌀 옥같이 쓿어 씻고 또 씻어 담근다'고 했다. 《삼국유사》 '죽지랑'에는 신라 화랑 죽지랑의 어머니가 아들을 보러 갈 때 설기떡을 해서 들고 갔다고 기록되어 있을 만큼 떡은 귀한 음식이었다.

깨끗하고 순수한 정신을 새겨 넣으라고 백설기를 만들고, 송편을 만들어 그 모양처럼 배부르게 식복이 있으라는 의미로 아기의 돌상에 올렸다. 아이가 서당에서 책 한 권을 떼면 기쁘게 책거리를 해 주었다. 송편에 팥, 콩 등의 소를 넣어 아이가 속을 꽉 채우라는 뜻을 담아 학동들에게 돌렸다. 떡마다 간절한 기원을 담아 면면히 이어 온 염원 줄이었다.

며칠 전 벨 소리에 문을 열었더니 삼십 대 초반의 젊은 주부가 이사를 왔다며 팥시루떡을 담은 일회용 접시를 들고 서 있었다. 요즘엔 드문 일이었다. 훈훈한 이사 떡을 받았다. 부모가 가르쳤겠지만 우리 풍습을 알고 이웃 간의 정리를 아는 사람이 이사 온 것 같아 반갑고 안도감마저 들었다. 오랜 세월 이어져 온 떡줄이 정신의 문화유산 줄이 되어 우리 집에도 깜짝 방문한 날이었다.

떡은 늘 준비된 기억처럼 향수를 불러일으킨다. 미국 뉴욕 거리에 한인 슈퍼마켓이 있다. 흰 종이에 검정색 글씨로 '떡국떡'이라고 적혀 추운 거리의 크지 않은 슈퍼 출입문에 붙어 있었다. 가래떡을 얇게 썬 떡국거리가 여기 있음이라는 표시로 '떡국떡'이라고 써서 붙인 것이 거기에 있었다.

머나먼 미국 거리에 우리 한글로 적힌, 한국 사람들만 알아보는 '떡국떡' 글씨가 오히려 애잔해 보였다. 먼 타국에서 조국의 설날을 기억하고 떡국 맛을 못 잊는 한결같은 한국인이 여기 살고 있다고 작은 음성으로 소리 높여 외치고 있는 것 같았다. 떡줄은 지금도 잊히지 않고 먼 나라 낯선 거리에서 종이 위의 글자로 향수의 줄을 서 있었다.

어렵고 궁핍했던 시절, 온밤을 꼴딱 새우며 줄을 서면서까지 떡을 해 먹는 일은 생에 대한 끝없는 열정이고 삶에 최선을 다하고 있다는 크나큰 표현이었다.

저 아름다운 황혼을

햇살도 저들이 보기 좋은가. 햇빛이 저곳엔 기꺼이 모여든 듯 유달리 환해 보인다. 커다란 통창 창가에 구순의 여인 다섯이 둘러앉아 자장면을 먹고 있다. 참 맛있게 먹는다. 아무리 나이를 낮추어 짐작하려 해도 아흔에 임박했거나 아흔 고개를 넘어선 연세들로 보인다. 운전을 할 만한 사람은 없이 고령의 할머니들만 모인 것으로 보아 근처에 사는 것 같다. 이 식당의 자장면이 입맛에 맞아 울산에서 언양까지 와서 먹곤 한다. 내게 오늘은 복을 받는 날이다. 어디에서 보살 같은 할머니들만 가려내어 모여서 온 것인가. 저리도 포근한 노인들을 보게 된다.

자장면을 맛깔스럽게 먹는 모양이 나이에 비해 모두 정정해 보인다. 언양은 예부터 농업 지역이다. 할머니들의 손등이며 손마디가 하나같이 들뜨고 거칠다. 동트기가 무섭게 밭이랑에 엎드려 밭을 매며 한평생 농사일로 살아온 시골 여인네의 자취가 역력하다.

놀랍다. 무수한 세월이 내려앉은 얼굴들이 신기할 만큼 서로 비슷하고 온화하다. 구분을 하기 어려울 정도다. 오랜 세월 동안 한마을에서 동기간처럼 정답게 지내온 사이일까. 살아가는 일에 한마음으로 합쳐지노라면 모습과 마음이 닮는 것인가. 주름진 얼굴에 봄볕 같은 온유함이 스며 있다. 한세상 고스란히 늙어 온 표정들이 순해서 뭉클해진다.

궁핍하고 가난한 시대를 관통하며 오로지 근면과 절약이 미덕이던 세대다. 보릿고개 시절의 그들이다. 자식들을 키우며 식구들 건사하느라고 자장면 하나 턱, 시켜 먹은 적 있었을까. 그 시절의 중국 음식점 입구에는 유난히 오색 주렴이 드리워져 있어 안이 잘 들여다보이지 않았다. 신비감마저 주며 주르르 매달린 색색의 구슬들을 쓰윽 걷으며 들어가서 군침이 도는 자장면을 젓가락으로 쓱쓱 섞고 싶었을 것이다. 한시도 쉴 틈 없는 들일에다 자식들 학비 마련에 허둥대느라 '중화반점'은 늘 침만 삼키며 지나쳤을 것이다. 이제야, 세상 저편이 건너다보이는 길목에서 자장면 한 그릇 온전히 먹어 본다.

촌에서 조박하게 출발한 삶이었으리라. 온 세월 낮은 데로 허리를 굽히고 넌더리가 나도록 열심히 살아온 눈빛은 이제 세상의 안과 밖 그 가운데 어디쯤의 언어가 되어 고즈넉하다. 끝없이 흔들리는 삶을 허덕임으로 삭인 시간들을 따습게 한다. 뱉어 내는 말들은 소란스럽다는 듯 말이 없고 평온하다. 소담스레 맞이한 자장면 한 그릇에 잔잔히 집중하는 자태가 평화롭다.

대중식당에 갈 때면 자주 느끼는 바가 있다. 식사를 하러 온 사람들이 겉옷을 벗거나 벗어 둔 겉옷을 입을 양이면 식당의 현관에서 마무리하면 될 터인데 많은 사람들이 그렇게 하지 않는다. 바닥에 앉아 좌식탁자에서 식사를 하고 있는 옆에서도 아무렇지 않게 선 채로 팔을 휘둘러 옷을 벗거나 입는다. 보이진 않지만 소용돌이치며 휘날리는 먼지들 생각으로 식사를 하다가도 기분이 찜찜해지는 것이다.

아! 내 안에서 소리 없는 탄성이 흘러나온다. 자장면 식사를 마친 할머니들이 앞서거니 뒤서거니 나가고 있는 모습이 남다르다. 두꺼운 겨울 겉옷을 손에 잡고 끌며 나간다. 구순의 연세에는 두꺼운 옷을 들고 가는 것도 힘에 겨운가 보다. 추운 날씨에 앉은자리에서 따뜻하게 옷을 챙겨 입고 문 밖으로 나가야 할 고령의 노인들이, 다들 식사하는 자리에서 펄럭거리며 옷을 입는 행위를 삼가는 것 같다. 영혼을 가다듬듯 조용히 옷을 잡아끌며 나가고 있다.

일어선 몸체가 하나같이 마르고 자그마해서 외진 곳의 마른 풀들이 옷깃을 여민 듯하다. 한 방울 남김없이 다 내어준 모습이다. 노쇠해져 벌어진 다리와 굽은 등으로 천천히 옷을 끌며 걸어가는 황혼의 여인들이 저토록 아름다운 줄 오늘에 새삼스럽다. 많은 나이로 인한 동작이 어설프고 느려서 더욱 애틋해진다. 따스한 속삭임처럼 세월의 더께에서 배어난 향기가 진한 그리움으로 드리운다.

삶의 개펄을 묵묵히 밀고 온 저 인생 선배들한테서 배우고 본받을 것이 많지만 그 힘든 농사일을 해 본 적 없는 나는 차마 미안해서 본받겠다는 말 같은 건 하지 못하겠다. 다만 두 손을 모아 잡고 공손하게 서서 좀 빌려 달라고 부탁드려야 할 것 같다. 한 번도 삶을 의심해보지 않은 것 같은 저 담담한 자세를. 삶에 대한 꿋꿋한 노력과 인내와 헌신의 흔적을 변통해 왔으면 한다. 무엇보다 찬밥 말아먹으며 온몸으로 당도한 삶의 적요하게 빛나는 그들의 이정표를 꾸어 오고 싶다.

자장면 한 그릇으로, 사느라고 서럽던 그때를 한 움큼 덜어 내곤 품위 있게 일어서는 저들에게서.

너의 손을 잡고 싶어

그 길이 아닌 것 같다. 아무래도 길을 잘못 들었나 보다. 배냇골 가는 길을 왼편에 두고 오른쪽 밀양 방면으로 접어들어 이만큼 왔는데도 그 풍경이 보이지 않는다. 그곳에 가려면 어디쯤에서 가닥을 잡아야 할까. 망망대해에 내던져진 것 같은 막막함이 엄습한다. 마침 공간 여유가 있는 갓길이 있어 잠시 차를 세운다. 건너편 능선들이 아름다워 그쪽을 향해 차머리를 갖다 댄다.

짙푸른 초록을 가라앉혀 단풍이 들기 시작하는 산이 고운 빛깔로 물들고 있다. 우뚝우뚝 겹을 이룬 산등성이가 골짜기를 드리우며 부드럽다. 그녀와 차 안에서 커피를 마시며 이런 여울진 능선을 한참씩 바라보곤 했다.

죽음과 가까운 거리에 있던 건 나였다. 이별은 함부로 무분별해서 그녀를 떠나게 했다. 건강하고 생기 가득했던 그녀는 급성 장암으로 손 쓸 새 없이 하늘나라의 별이 되고 이곳엔 쓸쓸함만 휑뎅그렁하다. 우리 집 식탁 의자엔 그녀의 웃음소리가 나비처럼 나풀거린다. 슬픔은 끈덕져서 그녀가 없는 삼 년을 어떻게 보냈는지 기억조차 나지 않는다.

삼십 대 중반에 들어서면서 때 없이 심장이 뛰며 만연한 피로감이 일상생활을 힘들게 했다. 병원에서 온갖 검사를 받았다. 이십 년 후에 만성신장병으로 정체를 드러낸 병이 그때는 병명도 나오지 않았다.

이웃들은 친절해서 시장 보기나 쇼핑 등에 합류를 권하며 이웃사촌의 울타리를 너끈히 내주었지만 내 건강은 탈진되어 갔다. 좋은 사람들과 원활히 보조를 맞추지 못해 어울림에 엇박자를 놓게 되어 미안함이 연속되었다. 생각다 못해 내가 그들에게서 한 걸음 뒤로 물러섰다. 고향인 부산을 떠나 이사 온 낯선 울산에서 친구도 없는 상황으로 좋은 이웃을 비켜서는 일은 결코 쉬운 것이 아니었다.

그렇게 살고 있는 내 앞에 어느 날 나타난 사람이 그녀다. 하루의 외출 뒤에 이삼일씩 누워 휴식을 취해야 하는 나의 생활 리듬을 그녀는 자연스럽게 맞춰 주었다. 매사를 선명하고 개운하게 임하는 밝은 그녀가 곁에 있어 내 삶의 한편에 진심이 충만했다. 그녀는 외려 내게, 사람을 편하게 하는 면이 좋다고 말해 주어 더욱 고마웠다. 서로 살림하는 주부로 만난 우리는 십오 년을 함께했다.

첩첩이 고개를 돌아드는 산마다 단풍이 꽃다웠다. 신비로운 모양으로 산에 박혀 있는 바위들에 의미를 만들어 덧입히고 감탄사를 질러 대며 둘이서 까불었다. 산을 넘어 평지를 달린 끝에 만난 식당은 소박한 음식이 정갈하고 맛깔스러웠다. 우리 둘만의 숨겨 놓은 보물 식당으로 지정하곤 신이 나서 희희낙락했다. 그녀는 특별한 사람처럼 길을 잘 기억했다. 길눈에 젬병인 나는 보물 식당 길을 전혀 몰라도 괜찮았다. 그녀가 있으므로.

오늘 찾아 나선 길이 그 길이다. 그녀와 나만 아는 그곳에 가면 그녀가 앉아 있을 것만 같아 길을 나섰다. 세 번이나 갔던 길을 도대체 감을 잡을 수가 없다.

앞서 산 세상을 전생이라 한다던가. 이미 저세상에 가 있는 그녀는 전생이 된 이 세상을 기억하고 있을까. 우리가 지낸 세월을 추억하며 나를 떠올리려나. 꽃들의 소곤거림처럼 간직하고 있는 우리의 시간들이 전생으로 봉인되는 끈 한 자락을 먹먹하게 잡고 있다. 어제까지의 전생이 오늘의 이생에 이르러 있고 이생은 내생에 빈틈없이 닿아 있어 언제라도 그녀가 햇살 속으로 걸어올 것만 같다.

수없이 쌓여 있는 어제들, 오늘과 이어지는 내일들이 내게도 전생이 되는 날이 올 것이다. 되돌아보면 이를 데 없이 평범한 생이다. 강변을 서성이는 작은 새의 발목 같이 가늘고 변변찮지만 경쟁처럼 뒤섞여 사는 세상의 틈바구니에서 삶의 골격을 매만지는 일을 소중히 했다. 한평생 예쁘게 살다간 그녀를, 가꾸려 애쓰며 살아온 내 전생 안에 앉힐 수 있어 다행이다. 편하게 산다며 되는대로 마구 살았더라면 어떻게 할 뻔했나 싶다.

조선시대 산문엔 절친한 우정에 관한 글이 많이 있다. 책을 읽다 벗과 허물없이 지내며 서로 귀하게 여기는 문구를 읽어 주면 그녀는 무척이나 좋아했다. '생지명'은 살아 있는 사람을 위한 묘지명이다. 당시의 작가들은 벗의 생지명을 서로 써 주며 즐거워했다.

18세기 조선을 대표하는 문인으로 혜환 이용휴는 시인이며 화가인 허필의 부탁으로 생지명을 써준다. "나는 요행히 자네와 같은 세상에 살고, 또 자네와 친한 사이지……" 이 구절을 듣고 그녀가 감동 받던 모습을 잊을 수 없다. "아! 이용휴라는 사람은 어떻게 이런 말을 생각했지? 우릴 두고 하는 말이다. 참 좋다." 나는 망자가 된 그녀를 위한 글 한 줄 써야 했다. "나는 요행히 너와 같은 세상에 살고, 또 너와 친한 사이여서 한없이 행복했다." 벌벌 떨리는 손으로 써 놓고 목놓아 울었다.

그녀 없이 보물 식당을 찾아갈 수 있을까. 보이지 않는 천 개의 마음보다 단 하나 그녀의 모습을 보고 싶다. 친구야, 부르며 따뜻한 손 한번 잡고 싶다.

막걸리

    십이월 세모의 길목이다. 송년회에서 상체를 흔들거리며 부어라 들이켜라 하고 흥청대던 술 문화가 많이 변화되고 있다지만 술에 대한 흐름은 아직도 유장하다. 소주가 서민의 술로 대세를 이루더니 언젠가부터 막걸리가 소주를 밀고 들어오고 있다. 단숨에 빨리 취하고 싶은 나머지 소주의 애주가들이었다면 이제 술꾼들은 도수 낮은 막걸리로 얼근하게 마시고 싶은가 보다.

세상에서 제일 맛있는 막걸리를 본 적 있다. 초등학교 오학년쯤 이었을 것이다. 여름 방학 동안 시골집에 가 있을 때였다. 어찌된 영문인지 그날은 부엌일 도우는 언니도 보이지 않고 집안이 텅 비어 있었다. 할머니가 막 걸러 낸 막걸리를 담은 주전자 목에 술잔을 걸쳐 김치보시기를 얹고 주전자 뚜껑을 덮어 내 손에 쥐어 주셨다. 집 앞 논에서 일을 하고 있는 상머슴한테 참을 갖다 주라는 것이었다.

벼 포기 익는 냄새, 논두렁 풀 냄새에 곁들여 매미가 철철 우는 소리를 들으며 주전자를 들고 갔더니 머슴이 싱긋이 웃으며 맞았다. 쨍쨍 내려 쬐는 땡볕 아래 논 한가운데서 목이 말랐던 것 같다. 주전자를 건네받더니 주전자 뚜껑을 열어 입에 갖다 대고 귀때를 기울여 술이 콸콸 나오게 하며 벌컥벌컥 마셨다. 그의 입 속으로 거침없이 빨려 들어가는 노름한 빛깔의 진한 막걸리가 너무도 맛있게 보였다. 나도 주전자 주둥이에 입을 대고 마셔 보고 싶었다. 머슴 몰래 침을 삼키며 부럽게 바라보았다. 내가 본 가장 진진한 막걸리이다.

술의 역사는 통제와 금주령으로 점철되어 있다. 곡식에 목을 매고 '밥'이 '하늘'이었던 시대에서 곡물을, 술을 빚어서 낭비되게 할 순 없었다. 조선을 건국한 태조는 술을 금하는 영을 엄하게 내린다. 조선의 왕들 중 재위 기간이 가장 길었던 영조만큼 금주령을 가혹하게 시행한 임금도 없다. 백성들은 한사코 숨어서 술을 마셨다.

술꾼들이 술에 취해 기분 좋은 상태의 유혹을 떨쳐 내긴 참 어려운 것 같다. 일상의 고달픔, 허기, 박탈감, 홀로 뒤처진 듯함, 설움 같은 괴로움들은 저만치 물러나고 세상이 기분 좋게 흔들리며 다가오는 느낌을 놓아 버릴 수가 없나 보다. 거기에 더한 막걸리의 매력은 밥 대신 배고픔도 채워 주고 힘도 나는 데에 있다.

소설가 이호철의 산문집 《문단골 사람들》엔 1950·60년대 문학인들도 날마다 막걸리를 마신다. 빈한한 문인은 출판 기념회도 빈대떡 접시와 막걸리 주전자를 놓고 행사를 했다. 가난하고 갈 곳 없는 문인들은 종일 '문예살롱', '모나리자', '돌체' 같은 다방에 앉아 있다 해가 지면 '명천옥'이나 '은성' 등에 가서 막걸리 한두 사발로 허기를 때웠다.

고인이 된 천경자 화백도, 젊은 날에 어쩌다 그림 한 점이 팔려서 명동의 일류 양장점에서 망토풍의 체크무늬 롱코트를 맞춰 입고 예술인들이 모이는 다방에 가서 시간을 보냈다. 종일 굶은 채로 그날의 주머니에 술값이 들어 있는 일행 중 누군가를 따라가는 사람들 틈에 끼어서 막걸리 한 사발 얻어 마시고, 동생이 앓아누워 있는 집으로 돌아가곤 했다는 얘기를 화백의 수필집에서 읽은 기억이 난다.

문인들의 음주벽은 일제 강점기부터 드세어져서 전통이 되었다고 한다. 원고를 써서 신문사나 잡지사에 보내면 '불온사상' 단속에 걸려 발표되지 않았다. 조선 사람 원고는 잘 실어주지도 않는 터였다. 앞날이 보이지 않는 암울한 시대의 비애, 나약한 자신을 충동질하는 울분의 막걸리를 시간도 때도 없이 마셔 댔다.

조선 말기에 태어난 할머니는 1969년 향년 팔십일 세를 일기로 생을 마감하실 때까지 거의 술을 몰래 담그셨다. 정부에선 양조장은 허가를 해 주었지만 가정집의 술 담그기는 금지시켰던 것 같다. 누룩을 마룻장 밑에 숨겼다가 기일이 다가오면 제사에 쓸 술을 담갔다. 술 단지를 이고 가서 대밭에 감추곤 청주를 떠서 제사상에 올려 조상을 모셨다.

할머니는 갓 거른 막걸리를 진하고 맛있게 걸러졌는지 혀끝으로 살짝 맛을 보곤 하셨다. 논을 매던 머슴이 그토록 달게 마시던 이유를 알 것 같았다. 막걸리를 마셔 본 적 없는 내게도 감칠맛이 확, 느껴졌다.

술배와 밥배의 화합을 보여 주는 사람들이 있다. 하루의 일을 마친 노동자가 먹는 뜨거운 국밥 옆에 곁들인 막걸리 한 잔은 그날의 피로와 에너지를 일거에 관장해버린다. 그 무덥던 날 따가운 햇살에 데워진 논물에 쓰적쓰적 손을 씻고 주전자를 통째로 들고 마시던 머슴의 얼굴이 구릿빛으로 빛나고 있었다. 힘차게 들어가는 막걸리는 그의 팔뚝을 타고 힘줄 선 장딴지를 휘돌아 질박한 기운을 모으고 있는 것 같았다. 막걸리가 제 가야 할 데를 완벽하게 흘러가고 있었다.

| 작품 해설 |

꿈꾸는 사물, 공감의 서사

―최영주의 수필 세계

허상문
(문학평론가. 영남대 명예교수)

1.

인생은 인간과 인간 혹은 인간과 사물과의 관계에 의해 이루어진다. 특히 인간은 사물을 만들고 사물에 기대어 살아간다는 점에서 동물과 구분되며 호모 사피엔스라 불린다. 사람은 사물들 속에서 태어나고 사물들 속에서 꿈꾸며, 사물과 모호한 관계로부터 점차 확실하고 분명한 관계로 변모하면서 자신을 드러낸다. 그래서 평론가 발터 벤야민은 "모든 사물에서 모호성은 확실성으로 대체한다."고 말했다.

《보자기 그 낭만을》(2020. 수필과비평사, 이하 이 글에서의 모든 작품 인용은 이 책에 의함.)에서 사물을 바라보는 작가의 시선은 예리하고 다양하다. 최영주는 사물을 꿈꾸는 작가이다. 그의 손에 닿으면 사물은 꿈꾸며 춤춘다. 작가의 시선과 상상력의 작동에 따라 사물은 외형적 형상 이상의 의미를 지니며, 그 의미는 극대화되어 나타난다. 사물을 보는 작가의 시선과 사물이 추동하는 의미는 상호감응적이다. 작가와 사물이 감응 관계를 통해 환기되는 사물의 일반적·보편적 속성은 우리가 이해할 수 있는 범주를 넘어선다.

최영주의 시선에 포착된 사물은 일반적이거나 개별적인 상태로 머무르지 않는다. 사물들은 하나이면서 전체라는 점에서 제유적이다. 감응 관계와 제유적 방식으로 제시되는 최영주의 사물은 작가의 주관적 관념을 넘어서 사물의 실제를 탐색하면서 동시에 인생과 세상에 대한 깊은 의미를 추출해낸다. 말하자면 작가는 인생과 세상을 사유하는 힘을 통하여 바라보는 사물에 대한 새로운 의미를 작동시킨다. 이는 단순히 사물을 현상으로만 바라보는 시각에서 벗어나 사물이 함유한 진정한 아름다움과 진리를 표현하고자 하는 문학정신에서 우러나오는 것이다.

문학작품은 창조적 정신 활동의 산물이기 때문에 한 작가의 문학정신이나 문학성이란 그 작품에 담긴 독창성 혹은 새로움과 동의어가 된다. 따라서 어떤 작품의 문학성은 일찍이 없었던 새로운 것의 출현, 즉 새로운 무언가를 시작하는 사건으로서의 의미를 갖는다. 이런 의미에서 최영주의 수필에서 나타나는 사물성은 그의 수필의 새로움에 대한 규명이기도 하거니와, 그동안 수필작법에서 흔히 간과되어온 사물과 세상에 대한 작가의식을 어떻게 구현해야 할 것인가에 대한 문제를 새롭게 인식하는 계기가 된다.

사물성과 관련하여 최영주 수필을 읽으면서 우리가 먼저 주목하게 되는 것은, 그의 수필에서 나타나는 어떤 사물의 형상과 관련된 감각적 즐거움이나 주관적 감정이 아니라 사물을 바라보는 작가의 문학적 상상력의 힘과 깊이다. 무릇 수필은 외부현실에 존재하는 대상에 대한 묘사이면서 동시에 작가의 일상적 속내 이야기를 드러내는 서사이다. 여기서 더 나아가 사물들 사이의 예상치 못한 관계를 통하여 세계와 존재의 의미를 새롭게 파악하며, 다른 관찰자들이 무시하거나 사소하게 여겼던 것들을 다시 평가하고 또 다른 의미를 탐구해 낼 때, 더욱 훌륭한 수필이 된다. 또한 이럴 경우 작가의 비전은 사물들을 다양하게 변용시키고 사물은 작가의 본성인 문학적 상상력을 통해 그 의미를 극대화한다.

최영주 수필에서 이런 정신은 잘 드러난다. 판, 빵, 거울, 나무, 밥, 연필, 고등어, 보자기, 무명베, 꽃 등과 같은 허다한 사물에 대한 인식과 탐구에서 드러나듯이, 최영주의 수필은 세계를 새롭게 보고, 사물들 사이의 예상치 못한 관계를 파악하기 위해 쉼 없이 노력한다. 철학자 하이데거가 인간 존재 양식의 척도로서 사물에 대한 개념화와 이해를 위해 노력했듯이, 최영주의 수필에서 사물은 삶과 세상을 새롭고 올바르게 이해할 수 있는 척도가 되고 있다. 그래서 그는 다른 관찰자들이 사소하게 취급하거나 간과했던 사물의 외양과 내면을 다시 바라보고 탐색하여 거기에 담긴 깊은 의미를 찾아내는 데 성공한다.

사물을 보는 이런 새로운 시각을 통하여 작가는 우리 수필계에서 흔치 않게 '사물 수필'이라 불림직한 새로운 장을 열고 있다. '사물을 어떻게 볼 것인가.' '사물을 통해 무엇을 사유할 것인가.'라는 작가의 인식 태도는 최영주 수필의 사물성이 지니는 특성과 의의를 밝히는 일임과 동시에 새로운 수필창작방법론의 문제로 이어지며 우리 수필이 나아가야 할 지향을 제시하는 일이기도 하다.

2.

최영주의 수필에서 '사물'은 작품 주체와 동등한 위상을 지니며,

그의 문학 세계를 구성하는 중심 요소가 되고 있다. 그의 시각에서 사물은 그것이 생물이든 무생물이든 문학적 주체로 지칭될 수 있는 것 이상의 의미를 포괄한다. 이처럼 확장된 의미 범주는 작가의 세계 인식의 깊이와 넓이를 반영한다. 그는 생물·식물·광물 등 모든 피조물의 이미지를 동원하면서 대상의 존재론적 의미를 표상해 낸다. 예컨대 〈판〉이라는 작품에서 '판'의 의미를 통하여 추동되는 작가의 상상력을 살펴보자. 어린 시절 흔히 체험했듯이 할아버지와 아버지의 밥상은 어딘지 높여 부르는 '상'이라는 표현을 했지만, 할머니와 어머니와 여동생이 둘러앉아 먹는 여자들의 두레상은 '판'이었다.

    판이 들어간 데는 윤택하고 고상한 것보다 마구잡이로 드센 느낌이다. 장터의 장판, 굿판, 화투판, 노름판, 싸구려판, 막판 인생 등엔 엉성한 삶에 떠밀려 괜히 바빠져서 실속도 없이 시끌벅적하다. 마뜩잖은 정치, 정치보다는 정치적 권력을 거머쥐려는 정치인들을 싸잡아 정치판이라고 일축해버린다. 이런저런 판에는 아무리 나부대도 안겨 오지 않는 갈망과 채워지지 않는 갈증 같은 것이 진하게 떠돌고 있다.
―〈판〉에서

'상'과 '판'의 차이를 읽어내는 작가의 상상에서 잘 드러나듯이,

작가는 '판'의 의미를 통하여 인간 삶의 빛과 어둠, 주체와 객체의 구분과 차이를 읽어낸다. 장기판, 바둑판 등을 대할 때 나타나는 경쟁적이고 어두운 심중이, 연두색으로 소복소복 자란 모판을 대하면 밝고 부지런하고 희망찬 농부의 마음을 떠올리게 된다. 사람들은 이 복잡다단하고 애매한 세상에서 "살판 하나 잡기 위해 두 눈 부릅뜨고 헤맨다." 이렇게 하나의 '사물'의 개념을 통해 작가는 다양한 형태의 존재와 세계의 모습을 읽어낸다. 작가의 상상력은 자아 외부의 모든 대상을 향해 열리면서 대상과 교류하려는 문학적 상상과 이를 돕는 감수성을 보여준다.

　사물을 주체와 동등한 자리에 세우고 그 본질에 닿으려는 작가의 노력은 타자에 대한 피상적 이해를 넘어 사물 본연의 생명력을 발견해내기에 이르게 되고, 이때 주체와 타자 사이에 유기적인 관계가 형성되기 시작한다. 일상적 해석으로 인해 내면의 모습이 간과되던 사물들은 새로운 인식으로 관계를 형성하게 된다. 마찬가지로 가변적이고 객관적으로 존재하는 자연 현상도 작가와의 새로운 관계 형성에 의해 의인화 혹은 사물화 과정을 통해 구체적 타자의 지위를 얻게 된다. 이를테면 이런 사실은 '나무'라는 흔한 생명체를 바라보는 작가의 시선에 의해 더욱 구체적으로 확인된다. 작가는 제 기질대로 뻗대지 않고 슬기롭게 공간을 장악하는 노거수 곰솔의 모습을 본다. 나무는 가지를 멋들어지게 휘어서 하늘로 올라가고 싶다. 그렇지만 곰솔은 한없이 뽑아 올린 가지를 허공에 내놓으며 신중히 사유하면서 온몸으로 시간을 기억하고 세월을 품고 있다.

　　사람들 마을에 섞여 살아서일까. 노거수 곰솔은 팍팍한 한세상 살아가는 인간의 애환에 귀를 기울이는 형상이다. 장대한 몸집으로도 훤히 트인 하늘보다 사람이 살아가는 땅 쪽으로 몸을 낮추고 있다. 저세상으로 떠나는 할머니와 같이하는 나무를 보아서인가. 일조량 따라 살아 내느라 삐딱해진 이 껍질 거친 곰솔에 마음이 간다. 부대끼는 삶에 무너지지 않겠다고 앙다물고 여며둔 마음이 저 혼자 울적해지는 날이 있다. 그런 날 고요히 서 있는 이 나무가 생각나곤 한다. 타박타박 살아온 한세월을 풀어내면 곰솔이 굽은 가지 내밀며 다 들어줄 것 같다.
　　　　　　　　　　　　　　　　　　　　　　　　　─〈나무〉에서

　거대한 몸집을 한 곰솔은 팍팍한 한세상 살아가는 인간의 애환에 귀를 기울이는 듯한 형상으로 하늘보다 사람이 살아가는 땅 쪽으로 몸을 낮추고 있다. 곰솔은 흡사 "저세상으로 떠나는 할머니와 같이하는 나무"처럼 부대끼는 삶에 무너지지 않겠다고 앙다물고 있는 마음 같다. 곰솔에 내재된 존재의 속성은 다양한 감각을 동원하여 작가에 의해 구체화한다. 작가는 고요히 서 있는 듯한 나무를 통하여 "타박타박 살아온 한세월을 풀어내"고자 한다. 작품 속 화자는 나무의 모습을 눈으로 바라보는 것은 물론 마음으로 교감하면서 그의 진정한 모습을 읽어낸다. 나무와의 이런 교감은 주체가 보이지 않는 타자의 속성과 깊은 공감을 이룰 때 가능해지는 것이다.

이처럼 최영주의 수필에서는 자연 현상을 비롯한 주체 외부의 타자들과 깊은 공감을 이루고 있다. 주체와 타자의 공감을 자각하는 것은 타자성의 고유한 모습을 인정하는 것이며 동시에 타자와 관계를 이루는 주체의 사물 인식과 세계인식에 의한 것이다. 그리하여 주체와 타자로서의 '우리'는 어디까지나 기존의 관념에 갇히지 않는 새로운 관계 설정을 이루는 데 성공한다. 작가로부터 생명력을 부여받은 타자들은 직접적이고 실제적인 층위에서의 타자 체험을 가능하게 한다. 그렇다고 해서 최영주의 작품에서 사물이 사물로, 관념이 관념으로만 존재하는 것은 아니다. 물질적 대상은 그가 맺는 관계성 속에서 사물과 관념의 속성을 열어 보이면서 물질적 속성을 부여받아 구체성을 확보한다. 그리하여 외부의 대상은 타자의 존재감뿐만 아니라 자아에도 새로운 존재감을 형성하게 한다. 이를테면 작가는 '거울'이라는 사물의 이미지를 빌려 자아의 모습을 바라보고자 한다. 작가의 표현대로 "거울은 암팡지다." 그렇지만 "어느 순간에도 냉철

한 게 거울이다." 그래서 〈백설공주와 일곱 난쟁이〉에서 새 왕비는 거울 앞에서 이 세상에서 가장 예쁜 사람이 누구냐고 물었는지도 모른다.

> 어느 사이엔가 나는 거울의 세계로 빠져들고 있었다. 아무도 없어 두렵고 쓸쓸한 나에게 나를 걱정해 주는 내가 있다고 거울이 알려 주고 있었다. 슬픔을 추스르기 위해 타월을 가져다 쉼 없이 눈물을 닦아 내는 나에게 내가 곁에 있음을 가르쳐 주었다. 무서움에 질린 나를 스스로 다독이게 했다. 어려서 막연했지만 홀로 외로울 때 나의 버팀목은 나 자신이어야 함을 거울로 배우고 있었던 것이다.
>
> ―〈거울〉에서

어릴 때부터 거울 단계에서의 아이는 거울 속에 비친 자신의 모습을 보면서 '이상적 자아'의 모습을 발견하게 된다. 거울 속 자신의 모습을 바라보면서 아이는 '아! 저게 바로 나로구나. 나라는 존재는 저렇게 완벽하구나.'라는 생각을 한다. 바로 이 순간부터 아이의 무의식에 자신의 모습이 자리 잡게 되고, 이것은 바로 나르시시즘의 출발이기도 하다. 그러나 아이는 거울 속의 멋진 '나'를 보면서 매혹과 욕망을 느낌과 동시에 사실은 전혀 그렇지 못한 자신의 처지를 생각하며 좌절을 느끼게 된다. 우리는 라캉이 말하는 거울 단계에서부터 인간의 욕망과 좌절의 흔적을 어렵지 않게 찾아볼 수 있지만, 인간은 욕망의 대상이자 목적인 '이상적 자아'에 영원히 도달할 수 없다.

우리의 진정한 '현존재'인 자아의 모습을 어떻게 볼 수 있을까. 흔히 우리는 거울에 비친 나의 모습을 통하여 자신을 확인한다. 세상을 바라보는 창이라 할 수 있는 눈을 통하여서는 나 자신을 바라볼 수 없다. 작가는 거울을 통해서만이 자신을 볼 수 있기에 거울은 '눈의 눈'이라 여긴다. 일견 거울은 비록 우리 외부의 눈이며 허상이지만, 또 하나의 자신이 들어있는 곳이다. 그래서 작가는 "나의 버팀목은 나 자신이어야 함을 거울로 배우고 있었던 것이다." 이제 작가는 나와 사물, 나와 타자 사이의 관계를 통해 세계인식을 이루어 가게 되고, 이 세상을 위하여 진정으로 필요한 것은 공감과 사랑임을 알게 된다.

3.

오늘날 삶의 모든 부면에서 우리는 절박한 소통 부재를 느낀다. 서로 마주 보지도 않고, 감정을 교환하지 않으면서도 어찌 공감의 마음으로 소통할 수 있을 것인가. 공감과 사랑이 사라져 가는 이 시대에 우리에게 왜 타자와의 소통이 필요한 것인지 최영주의 작품은 묻고 있다. 그의 작품에서 주체는 타자의 무한성을 향해 적극적으로 접근하고자 하는 의지를 보여준다. 그리고 이 의지는 주체와 타자 사이에 놓인 분리의 공간에 상상력의 다리를 놓으면서 가능케 된다.

〈불 꺼진 창〉은 '불 꺼진 창'을 통하여 바라보는 현대적 삶의 애환과 도시 문명의 부조리성을 제시한다. 도시는 불빛이 일으켜 세우고 키워 나가는지도 모른다. 유명한 불빛의 도시 라스베이거스가 허허벌판 모래땅에 처음 도시를 만들 때 제일 먼저 나타난 것은 거대한 네온사인 간판이었다. 도시의 오색 네온사인 불빛은 눈이 아프도록 명멸했다. 그렇지만 이제 도시의 곳곳에서 불빛은 사라져가고 사람들의 온기도 없어져 간다.

가게를 종교처럼 지켰던 그의 잃어버린 불빛은 어느 모퉁이에서 찾아낼까. 새벽까지 켜져 있던 가게 불빛은 촛불을 켜고 온밤을 새우는 기도보다 더 간절해 보였다. 아름다운 아내와 가족을 짊어지고 살아 내야 하는 그는 홀로 외로웠겠지만 외로운 줄도 몰랐을 것이다. 계속되는 불경기 탓이었을까. 손님이 제법 들었는데 작년부터는 전과 같지 않게 줄어들고 있었다. 퇴색되어 가고 있는 분위기를 그나마 돋우고 있는 것은 견고할 만큼 환한 불빛이었다.

— 〈불 꺼진 창〉에서

어둠이 다가오는 도시의 삶을 바라보는 작가의 마음은 우울하다. 도시는 풍부한 불빛으로 풍요를 구한다. 도시를 뒤덮고 있는 네온사인도 정신이 나간 것같이 명멸하고 있지만 저마다 투쟁하는 듯한 삶의 모습을 보인다. 그 속에서 가로등들은 결연한 의지로 이를 악물고 서 있다. "불빛 속에서 도시는 그림자를 용납하지 않는다. 도시의 그림자는 추레한 궁상의 상징이 되고 말았다." 그 도시의 거리에는 불황으로 허기진 삶들이 외롭고 막막하게 서 있다. 두 발 딛고 선 그들의 자리가 자꾸 무너져 내린다. 그림자 진 담벼락에 등을 기댄 채 그들은 지쳐간다. 불 꺼진 창은 육중한 삶의 공간이 되고 어둠은 갈수록 굳건히 응고되고 있다. 흡사 '비극적 리얼리즘' 소설의 한 장면 같은 묘사를 통하여 작가는 고통과 슬픔의 영역으로 빠져들어 가는 수많은 타자를 향해 연민의 눈길을 보낸다.

"어둠도 삶을 향해 들이대는 비명을 침묵으로 내지르는 것 같다."라는 표현처럼, 아마도 이 어둠은 타락하고 부조리한 사회적 권력이나 제도의 억압 때문에 희생된 사람들의 고통과 죽음일 것이다. 작품에서 작가가 우리에게 더욱 경종을 주고자 하는 것은 개인의 희생과 고통을 강요하는 시대적 모순에 대해 침묵하는 사람들의 무관심과 묵종이다. 작가가 진심으로 아파하는 것은 한 가장이 불을 끄기까지의 숱한 고민의 순간들을 사람들은 외면하고 있다는 것, 마지막 가게의 전등 스위치를 내리는 순간에도 부릅뜬 갈망의 생명력 같던 불빛을 놓쳐 버렸다는 사실이다. 이런 사실들에 대하여 사람들은 아무 말도 하지 않고 있다. 작가는 눈앞에 보이는 사물과 이웃들에 대해서는 물론 눈앞에 보이지 않는 타자들을 향해서도 깊은 공감과 연대의 필요성을 역설한다. 그러한 마음은 비 내리는 밤 닭발집에서 옹기종기 모여 앉아 소주잔을 기울이며 굳은살이 박인 닭발을 먹는 풍경을 통해서도 잘 드러난다. 남편과 닭발을 먹으러 간 가게에서 만난 사람들은 따뜻이 손을 내민다.

    소주 한 잔도 아깝게 마시는 사람들 생의 굳은살은 더한 무게로 매달려 있을 것 같다. 비 내리는 이 밤 얇은 지갑 속에서 꺼낸 닭발 값을 들고 어두워지면 새들이 숲으로 날아가듯 이곳에 모여들었을 것이다. 살아가는 날들이 녹록하지 않아 눈물을 닮은 한 잔의 소주로 서로의 굳은살로 흘려 보내며 옹색한 플라스틱 의자에서 일어설 줄 모른다. 한 접시의 닭발을 놓고 아끼며 먹는 사람들은 서로 야윈 어깨를 토닥일 줄을 안다. 따뜻이 손 내미는 마음이 한 송이 목단화도 소담스레 피워 낸다.
　　　　　　　　　　　　　　　　　　　　　－〈목단화가 피던 날〉에서

닭발은 먹을 것이 없다. 술과 안주도 아껴 먹어 가며 정을 나누어

가지는 따뜻한 사랑의 마음이 추적거리는 비의 서늘한 기운을 걷어 내 준다. 작가는 생각한다. "우리네 마음에도 얼마나 많은 삶의 굳은 살이 박여 오던가. 왜 사는지 생각해 볼 겨를도 없이 허겁지겁 살아 가는 우리에겐 지난한 삶의 모서리에서 받은 상처들이 켜켜이 굳은 살로 옹이진다. 아무도 좋아하지 않는 굳은살은 제물에 저 혼자 주눅 이 들며 엉겨서 아픔조차 느낄 줄 모른다." 작가는 '닭발'에서 소담스 러운 '한 송이 목단화'를 피워낸다.

    닭발집에서의 이 작은 만남에서 나누는 큰 사랑의 마음, 우리는 사람을 만나고 온기를 나누는 일을 너무 가볍게 생각하고 소홀히 여긴다. 이것은 곧 인간과 존재에 대한 인식을 소홀히 여기는 것과 다를 바 없다. 작가는 삶의 근본이 일상의 작은 일에 대한 존중과 배려에서부터 출발한다는 인식을 세심하고도 소박하게 드러내고 있 다. 작품에서는 자신의 삶에만 집중되어 있던 이기적인 생각과 시선 으로부터 타자에 대한 인식과 사유로 옮겨간다. 그래서 진정한 개인 적·사회적 주체로서의 삶의 출발은 타자와 세계와의 올바른 관계 맺음을 통하여 이루어진다는 사실을 강조한다. 타자와 함께 살아가 는 공동적 삶의 세상은 철학자 E. 레비나스가 말하는 바와 같은 '타 자에의 사유'에서 비롯된다. 그것은 바로 최영주의 작품에서 강조되 는 공감과 감정이 사라진 시대에 희망과 사랑의 마음을 일구고자 하는 노력과 다르지 않다.

그렇다면 작가의 타자에 대한 사랑과 공감의 마음은 어디에서 생겨나는 것일까. 그것은 작가가 어머니에 대한 각별한 사랑의 마음, 즉 그의 문학적 정서와 상상력의 모태를 이루는 모성적 심성에서 우러나오는 것이라 할 수 있다.

> 치맛자락 여며 끈으로 가볍게 동이고 저고리 소매 끝을 살짝 접은 어머니가 부엌에서 도마질을 하시는 모습은 언제나 보기 좋았다. 해가 설핏 기운 마루에 앉아 보송하게 마른 빨래를 개키시는 어머니를 볼 때마다 평화로움이 지금 막 세상에 태어난 듯 내게로 흘러왔다. 늘 아버지와 우리 형제를 뒷바라지해 주시는 어머니의 연분홍빛은 세상을 향해 나아가는 내 등을 부드럽고 따뜻이 받쳐 주었다.
> ―〈연분홍 저고리에 차 향기 번지는 소리〉에서

> 슬픔은 깊이를 더해 가며 허우적거리게만 하는 줄 알았다. 문득 돌아다보니 슬픔이 스스로 자맥질하여 길을 내어놓았다. 그 길에 서서 어머니의 나라 저쪽에다 반쪽 심장을 열어 놓고, 어머니가 하셨듯이 성실하고 예쁘게 살아가는 모습 보여 드리려고 노력했을 성싶다. 슬픈 어깨에 기대 있었기에 소소한 기쁨도 기껍게 당겨 소중히 하는 법을 배우려 했으리라.
> ―〈눈물〉에서

〈연분홍 저고리에 차 향기 번지는 소리〉와 〈눈물〉에서도 잘 드러나듯이, 작가는 어린 시절부터 이 세상을 떠날 때까지 어머니의 모습을 바라보면서 평화와 사랑과 연민의 마음을 배운다. 그래서 그의 작품의 저류에는 이런 사모곡이 흐르면서 작가정신의 바탕을 이루고 있다. 작가는 죽는 날까지 환한 웃음과 긍정의 마음으로 세상을 읽던 어머니를 닮으려 애쓴다. 어머니를 향한 애절한 그리움의 마음, 그것은 곧 꽃을 사랑하는 마음과 같은 것이다. 작가에게 "꽃 같은 자식은 세상에 없이 귀하디귀한 내 자식이란 뜻이다."(〈그대 꽃이어서〉). 작가는 꽃을 바라보면서 어머니의 사랑과 평화의 마음을 꿈꾼다.

한 작가가 쓴 작품의 의미는 이 세상과 인간이라는 타자와의 공감에 의해서, 즉 타자에 대한 애정 어린 감수성과 상상력을 통하여 다시 태어난다. 그리하여 문학 텍스트는 독자의 감상을 통하여 정서의 체험을 이루게 되고 이는 공감으로 완성된다. 독자가 공감치 못하는 작품은 읽힐 수 없으며 감동도 느낄 수 없다. 그런 의미에서 좋은 수필은 나와 너의 관계의 복원을 통하여 인간공동체적 삶의 의미와 가치를 지닐 수 있게 해주는 문학 양식이라고 할 수 있다. 또한 이 세상과 인간에 대한 공동체적 가치는 타자에 대한 공감의 윤리를 통하여 이루어진다고 할 때, 수필 쓰기의 진정한 조건은 바로 삶과 인간에 대한 깊은 공감과 사랑의 인식을 위한 것이어야 한다고 해도 무방하다. 최영주의 수필들이 우리에게 주는 감동도 이런 점에서 나온다.

4.

　작가는 사물을 통하여 새로운 '꿈'을 꾸고 '사물'은 다시 자신을 꿈꾼다. 이렇게 서로의 꿈을 꾸면서 나와 타자, 타자와 사물은 서로의 경계를 허물고 벽과 한계를 뛰어넘으면서 아름다운 삶의 풍경을 이루어낸다. 최영주는 우리들 곁에서 잊히고 사라져 가는 수많은 사물들, '붕어빵', '연필', '현미밥', '부엌', '보자기', '무명베' 등과 같은 사물에 대한 성찰을 통하여 삶과 죽음, 과거와 현재, 주체와 타자에 대한 깊은 인식을 형상화한다. 세상의 사물과 대상에 대한 의미화를 위한 작가의 욕망은 사물의 존재성을 찾기 위한 긴 문학적 사유에 의해 가능한 일이었다.
　최영주에게 사물이라는 대상은 작가의 주관적 정서를 표현하기 위한 객관적 상관물로서의 그것이 아니라 그 자체로 대상에 대한 살아 있는 인식의 표현이라고 할 수 있다. 다시 말해 인간과 세상에 대한 살아 있는 구체적 인식, 이것이 최영주 수필의 본질이다. 우리는 물질 만능 시대에 눈앞에 보이는 현상만을 소중하게 생각하지만, 눈에 보이지 않는 것들에도 소중한 것들은 너무나 많다. 물질보다 정신, 눈앞에 보이는 세계보다는 보이지 않는 세계에 대한 소중함이 갈수록 상실되어 가는 세상에서 우리는 살아가고 있다. 이런 의미에서 최영주의 수필은, G. 헤겔의 어법을 빌리면 다분히 즉자적 삶보다는 대자적 삶의 중요성을 일깨우는 작품으로 읽힐 수 있다.

이렇게 최영주 문학은 사물에 대한 감각적 재현이나 관찰하는 차원에 머무르지 않고 사물에 관한 깊은 존재론적 통찰로 나아간다. 그의 수필은 언제나 사물을 꿈꾸고, 또한 꿈꾸는 사물을 통하여 공감과 사랑의 세계를 보여준다. 이런 문학 세계는 우리 시대의 정신과 물질, 존재와 부재, 빛과 어둠을 혼효하고 종합하고자 하는 뜻깊은 의미를 지니는 것이며, 아울러 이는 일상성과 개인성에 매몰되어 있는 우리 수필계에서 보기 드문 문학적 성취라 할 수 있는 것이다.

최영주 수필집
보자기 그 낭만을

인쇄 2020년 12월 15일
발행 2020년 12월 17일

지은이 최영주
발행인 서정환
펴낸곳 수필과비평사
주소 서울시 종로구 삼일대로 32길 36(익선동 30-6 운현신화타워) 305호
전화 (02) 3675-3885, (063) 275-4000·0484
팩스 (063) 274-3131
이메일 sina321@hanmail.net   essay321@hanmail.net
출판등록 제300-2013-133호
인쇄·제본 신아출판사

저작권자 ⓒ 2020. 최영주
이 책의 저작권은 저자에게 있습니다. 서면에 의한 저자의 허락없이 내용의 일부를 인용하거나 발췌하는 것을 금합니다.
COPYRIGHT ⓒ 2020. by Choi Yeongju
All rights reserved including the rights of reproduction in whole or in part in any form.
저자와 협의, 인지는 생략합니다.
잘못된 책은 바꿔 드립니다.

ISBN 979-11-5933-313-2 03810

값 13,000원

이 도서의 국립중앙도서관 출판예정도서목록(CIP)은 서지정보유통지원시스템 홈페이지
(http://seoji.nl.go.kr)와 국가자료공동목록시스템(http://www.nl.go.kr/kolisnet)에
서 이용하실 수 있습니다.(CIP제어번호: CIP2020052925)

Printed in KOREA

* 이 책은 2020년 울산광역시   울산문화재단 의 지원을 받았습니다.